Kleine Theologie der Entlastung

Wolfgang Teichert

Kleine
Theologie
der
Entlastung

claudius

essay

INHALT

Wir sind überlastet, moralisch überfordert und erschöpft. Wir sollen das gesamte Klima retten, möglichst sofort, den Frieden in allen Teilen Welt wieder herstellen, bewahren, schützen und erhalten; neuerdings gegen imperiale Überfälle mit Waffen für das überfallene Land. Wir sind wenig vorbereitet, mit Milliarden Zeitgenossen in voller Kenntnis ihrer Gegenwart zusammen zu leben. Und – auf niedrigerer Ebene – sollen wir einander und uns anders, gesünder und zukunftsfähiger ernähren, sollen die zahlreichen Geschlechter erkennen und gebührend beachten, nebenbei unsere Arbeit effizient und selbstverantwortlich bewerkstelligen, sollen uns um unsere Kinder und Kindeskinder kümmern und bedenken, dass jede heutige Entscheidung von uns Auswirkungen haben wird auf ihr Leben. Und wir sollen nicht kollektiv in den Burn-out geraten, auch dann nicht, wenn wir zwischen dreihundert Zahnpasta-Sorten „wählen" können und müssen oder wenn uns der Schrittzähler im Mobiltelefon auf 10.000 Schritte pro Tag „verpflichten" will.

Kein Wunder, dass der Ruf nach „Entlastung" Konjunktur hat. Entlastungspakete werden geschnürt, Entlastungsforderungen gestellt. Die Entlastungsschlagzeilen drehen sich um Energiegeld, Billig-Euro-Tickets, Entlastung für Mieter und Rentnerinnen, für Studierende. Entlastung auch für die moderne Entzauberung der Wirklichkeit durch Ersatzverzauberung des Ästhetischen. Entlastung für die moderne Verkünstlichung unserer Lebenswelt durch Schwärmen von „unberührten Landschaft" und für Naturerhaltung durch ökologisches Bewusstsein. Entlastung vom zunehmenden Tempo des Wandels unserer bebauten Umwelt durch Entwicklung von „Solastalgie"; jenes belastende Gefühl des Verlustes, das entsteht, wenn jemand die Veränderung oder Zerstörung der eigenen Heimat oder des eigenen Lebensraums direkt miterlebt. Damit verbunden ist – und das ist wichtig – ein intensiver Wunsch, dass dieser Ort, an dem man wohnt, als mögliche Quelle des Trostes erhalten bleibt. Solastalgie, so die Psychologin Verena Kast, ist daher auch für Menschen möglich, die die gesamte Erde als ihr Zuhause betrachten und daher auch das Beobachten der Veränderung oder Zerstörung irgendeines Ortes auf diesem Planeten als belastend erleben. Während Nostalgie auf die Vergangenheit gerichtet ist, bezieht sich Solastalgie entlastend auf die Gegenwart oder Zukunft. Haben Religion und Theologie in diesem Entlastungskonzert einen besonderen, unterscheidbaren und darum wirksamen Part? Und woran erkennen wir, dass es sich bei bestimmten Erscheinungen um Religion handelt?

Es ist, finde ich, an der Zeit, die entlastenden Traditionen der eigenen Religion und ihrer Quellen revitalisierend wieder zum „sprudeln" zu bringen. Selbst ein religiös unverdächtiger Soziologe wie Niklas Luhmann hat das schon zeitig bestätigt: Kommunikation ist immer dann religiös, sagt er, wenn sie Immanentes unter dem Gesichtspunkt der Transzendenz – also des Überschießenden, Unverfügbaren, der Unterbrechung und Entlastung – zur Sprache bringt. Erst von der Transzendenz aus gesehen erhält das Geschehen in der Welt religiösen Sinn. Religion liegt für ihn immer dann vor, „wenn man einzusehen hat, weshalb nicht alles so ist, wie man es gern haben möchte".

Also machen wir uns auf ausgewählte Spurensuche und schauen nach, wo man sich vom Stress des andauernden Perfekt-Seins und zugleich der andauernden Naturzerstörung entlasten kann. Wir müssen nämlich nicht alle tragisch oder pessimistisch gestimmt sein, wie der traurige griechische Titan Atlas. Der war und ist dazu verdammt, sogar die Himmelssäulen ständig zu tragen.

Hingegen taugt der in Legende, Kirche und in der Kunst häufig anzutreffende Christophorus besser zum heutigen Leitbild als der tragische Atlas. Wenn wir ständig hören müssen, „die Zeit drängt", und wenn fast jedes Theaterstück und mancher Film suggerieren, es sei „fünf vor zwölf" oder „H – 100 Seconds to Midnight", sodass man ganz atemlos und unfroh wird, dann lohnt es sich zum Beispiel, über den „Umweg" einer Bachkantate zu verabschieden von der Chronokratie (Herrschaft der Zeit). Schließlich kann man sich auch auf eine weitere Kostbarkeit von Entlastung konzentrieren, die – selten geübt oder geschenkt – in der Lage ist, Vergangenes eben doch, wenn nicht ungeschehen, so doch seiner destruktiven Wirkung unschädlich zu machen. Dem entspricht dann der eher zarte Hinweis auf eine Lebenshaltung, die peinliche Situationen entschärft, aufhebt, einrenkt. Ich meine das Taktgefühl.

Zu beginnen ist allerdings mit einer eher schwergewichtigen, häufig unverstandenen, immer wieder geschmähten Tradition von Entlastung, die in der hebräischen Bibel (dem Alten Testament) deutliche Kontur gewinnt und dann in der griechischen Bibel (dem Neuen Testament) in der Situation des Mordes an Christus wieder-holt, wiedergeholt wird. Sie zeigt, dass Entlastung – bis heute – nicht immer entlastend und positiv wirkt, wenn sie nämlich als Sündenbocksuche daherkommt.

Kapitel 1 Sündenbock und verwundeter Heiler: Ambivalenz von Entlastung

Für eine kleine Theologie der Entlastung muss man manche Umwege oder sogar Abwege gehen, denn die jüdisch-christlichen Erzählungen orientieren sich eher erzählend als definierend an Entlastung. Beginnen muss man denn auch mit einer ebenso typischen wie rätselhaften Figur beider Bibeln (der hebräischen ebenso wie der griechischen): dem verwundeten Heiler oder dem „Gottesknecht". Man hat früh die Besonderheit des Buches Jesaja bemerkt. Spricht der Prophet in den ersten 39 Kapiteln selbst, so kommt in den Kapiteln 40 bis 55 mit jener rätselhaften Figur des „leidenden Gottesknechts" ein anderer Autor zu Wort. Auch die historische Situation der damaligen Hörerschaft ist gegenüber den ersten Kapiteln verändert: Es ist die Zeit der Katastrophe! Der Jerusalemer Tempel wurde 587/586 v. Chr. zerstört und Israel, vor allem seine Oberschicht, ins Exil nach Babylon verschleppt. Leid und Unterdrückung in „babylonischer Gefangenschaft" lösten Resignation und Verzweiflung aus. In dieser Situation taucht jene Gestalt auf, von der es wörtlich heißt: „Er hatte keine Gestalt und Hoheit. Wir sahen ihn, aber da war keine Gestalt, die uns gefallen hätte. Er war der Allerverachtetste und Unwerteste, voller Schmerzen und Krankheit. Er war so verachtet, dass man das Angesicht vor ihm verbarg; darum haben wir ihn für nichts geachtet. Fürwahr, er trug unsre Krankheit und lud auf sich unsre Schmerzen. Wir aber hielten ihn für den, der geplagt und von Gott geschlagen und gemartert wäre. Aber er ist um unsrer Missetat willen verwundet und um unsrer Sünde willen zerschlagen. Die Strafe liegt auf ihm, auf dass wir Frieden hätten, und durch seine Wunden sind wir geheilt. Wir gingen alle in die Irre wie Schafe, ein jeder sah auf seinen Weg. Aber der HERR warf unser aller Sünde auf ihn. Als er gemartert ward, litt er doch willig und tat seinen Mund nicht auf wie ein Lamm, das zur Schlachtbank geführt wird; und wie ein Schaf, das verstummt vor seinem Scherer, tat er seinen Mund nicht auf."

Wir halten fest: Diese unbekannte, umstrittene und kaum historisch fassbare Gestalt taucht auf im Moment der Gefahr und Katastrophe, dann nämlich, wenn ein gesamtes Volk ins Exil verschleppt wird, wie ja Geschichte immer dann bedeutsam wird, wenn sie im Moment der Gefahr sozusagen rettend aufblitzt (Walter Benjamin).

Sprung: Was lag da 600 Jahre später in jesuanischer Zeit näher als sich eben dieser eigenen Tradition in der hebräischen Bibel zu erinnern, dann nämlich, als die messianischen Juden (später Christen genannt) selber in die lebensbedrohliche Katastrophe geraten waren mit dem Mord an ihrem geliebten „Messias"?

Wie kann man diese furchtbare Verletzung und Enttäuschung aushalten? Die ersten Christen versuchten es damit, dass sie ihre furchtbare und katastrophale Gegenwart „überblendeten" und transparent machten auf eine Gestalt hin ihrer eigenen Tradition; einer Gestalt, deren erinnertes Geschick ihnen ihre eigene furchtbare Lage aushaltbar, deutbar und sogar verwandelbar erscheinen ließ. Ein rettendes Entlastungsgeschehen!

Hier – das scheint mir wichtig gegenüber der traditionell belastenden Lesart der Kirche, die mit dem „Neuen Testament" meint „erfüllt" zu haben, was das „Alte Testament" nur verheißen hat – findet sich eben nicht das so lange konstruierte Schema von Verheißung und Erfüllung. (Die Propheten verheißen und der „Messias-Christus" erfüllt.) Solche kirchlich-theologisch populäre Sicht nämlich machte die jüdische Religion zu einer Vorläuferreligion und enteignete sie ihrer Besonderheit. Umgekehrt wird ein Schuh daraus: Im Moment der erlebten Katastrophe greift man zurück auf diese entlastende Gestalt des leidenden „Gottesknechtes" der eigenen Tradition!

So schreibt, um nur ein Beispiel zu nennen, Matthäus (8,17): „Er selbst nahm unsere Schwachheiten und trug unsere Krankheiten." Hier identifiziert der Evangelist den Gottesknecht aus Jesaja 53 ganz deutlich mit Jesus. Und auch Paulus hatte zurückgegriffen auf die entlastende Gestalt bei Jesaja, um den Justizmord an Jesus und dessen „Auferstehung" zu verstehen: „der um unserer Übertretungen wegen dahingegeben und unserer Rechtfertigung wegen auferweckt ist". Die von Paulus verwendeten Begriffe wie „dahingegeben" oder „unsere Übertretungen" und auch „wegen bzw. um" zeigen eine enge Anbindung an Jesaja 53. Seine gesamten Entlastungsbemühungen (die man früher einmal Rechtfertigungslehre genannt hat) beruhen auf diesem Rückgriff auf den „Gottesknecht" – und zwar im Moment der eigenen Katastrophe.

Das könnte bedeuten, um hier gleich einen kühnen Sprung in gegenwärtige Existenzlagen zu wagen: Man muss eben nicht total verzweifeln oder aufgeben, wenn man sich selber als katastrophal verletzlich oder als verletzt erkennt.

Aus eigener performativer und bibliodramatischer Arbeit wäre zu berichten: Wir haben uns unlängst in einer Gruppe von zwölf Frauen und Männern eine Woche lang mit dem Gottesknecht und dem Bezug zum Messias-Christus befasst. Ich selbst hatte nebenbei nie den Satz verstanden: „durch seine Wunden sind wir geheilt" (Jesaja

53,5). Wir haben miteinander Umwege zum Verstehen gebraucht und haben den Prozess und Gang der Handlung erst in Etappen verstehen gelernt: Die erste, grundlegende und vorrangige kulturelle Tat von Menschen, so sahen wir, ist ja immer der Versuch, der Bedrohung von Selbstzerstörung und Gewalt irgendwie Herr zu werden. Man suchte damals wie heute nach dem Grund dieses Unheils (das im Mythos die Götter verhängt haben) und 15 findet ihn zum Beispiel im Vatermord und Mutterinzest des Ödipus. Er muss die Stadt verlassen. Es ist, modern gesprochen, die Suche und die Bestrafung des Schuldigen; und das ist noch heute eine unvermeidliche, geradezu archaische Reaktion nach jedem Unheil. Man sucht nach Ursache und Schuldigen.

Wie tief dieses Trauma im Gedächtnis der Menschheit verankert ist, zeigt eben auch Jesaja 53. Immer wird die Existenz einer Gemeinschaft bedroht und immer geht es darum, dass dafür jemand bestraft oder geopfert wird, dass Blut fließt. Die erste kulturelle Tat also einer jeden Gemeinschaft besteht darin, dass der Entlastende gesucht wird, der die Schuld für das Unheil auf sich nimmt: Der Sündenbock.

Aber brauchen wir noch solche Form von Entlastung durch einen Sündenbock? Bislang jedenfalls ist (oder war?) der Sündenbock für jede Kultur überlebenswichtig. Denn Kultur beginnt, wie der Literaturwissenschaftler

René Girard in seinem Gesamtwerk immer wieder anschaulich erzählt, mit Rivalität, mit allgemein gültigen Idealen, denen viele zugleich nacheifern, bei deren Erfüllung sie einander ausstechen wollen. Bei der Verwirklichung von Werten und Normen sind immer Rivalität, Konkurrenz und Wetteifer im Spiel. Sie nehmen dann meist schnell überhand und zerstören so die eigene gemeinsame Grundlage. Wir suchen nicht nur Ideale, denen wir nachfolgen, bis wir bestimmte Ziele erreichen, sondern das Verlangen der Nachahmung kann einen in sich stehenden Eigenwert gewinnen: es verselbständigt sich. Man will im Wettstreit der Ideale gewinnen, schlägt gegebenenfalls aufeinander ein. Man erfährt die vermeintlich befreiende Wirkung der Zerstörung und des Mordens bis – ja, bis wohin? Bis es gelingt, die wirklichen oder die vermeintlichen Schuldigen der Situation zu finden. In Theben war es Ödipus, und in der Johannespassion sagt Kajaphas: „Bedenkt, dass es besser für euch ist, wenn ein einziger Mensch für das Volk stirbt, als wenn das ganze Volk zugrunde geht" (11,50). Und bei Jesaja ist es die geheimnisvolle Figur des Gottesknechts, die zum Zielpunkt aller Aggression wird; dies kann die anderen entlasten und den Frieden unter ihnen wiederherstellen: Sie haben ja einen Schuldigen und ein Opfer gefunden. Opfer und Schuldige gefunden zu haben, macht bis heute jede Gesellschaft ganz zufrieden.

Aber – und das ist nun entscheidend – die Beteiligten können oder wollen diesen Mechanismus nicht erkennen, weil sie im System selber drin sind und weil sie, so sagen wir heute, ihr „Unbewusstes" nicht wirklich kennen. In der Sprache Jesajas: „Wir aber hielten ihn für den, der geplagt und von Gott geschlagen und gemartert wäre" (Jesaja 53,4). Erschwerend kommt hinzu: Die Gestalt des „Gottesknechts" sieht nicht eben schön aus, sondern sie ist verwundet und „von Gott geschlagen", wie es heißt. „Ich will mich nicht auseinandersetzen mit dieser Gestalt", sagte denn auch angewidert jemand in unserer Gruppe beim Rollenspiel. Aber Wegschauen, so fanden wir später, braucht eben *auch* Energie.

Es gehört zu den größten – aber auch ambivalenten – „Leistungen" menschlicher Kulturen, dass sie das Zusammenleben ihrer Menschen immer wieder entlasten und stabilisieren und die Kräfte ihrer Selbstzerstörung zähmen können, etwa durch eine Vielzahl von Institutionen (Sprache, Gebote und Verbote, Staaten und Rechtssysteme, offizielle Handlungs- und Verhaltensziele, Religionen). Aber diese elementare Tat, diese Zähmung von Zerstörung und Selbstzerstörung, stößt immer wieder an ihre Grenzen; sie bleibt zerbrechlich und muss selbst noch einmal stabilisiert werden, so wie oft Staudämme noch einmal zu stützen sind, damit sie nicht nachgeben. Bedrohliche Ideen, Instanzen oder Personen, die diese

„Staudämme" zu gefährden scheinen, müssen deshalb ausgemacht, zum Feind der Gemeinschaft erklärt und nach Möglichkeit ausgerottet werden.

Dies ist die zweite, die entscheidende elementare Tat, durch die eine Kultur ihre Zukunft schützt und sichert. So jedenfalls „arbeiten" Opferreligionen aller Zeiten.

Genau davon – und hier kommt der elementare Unterschied ins Spiel – will sich das Bild des verwundeten Gottesknechts elementar abheben. Denn die scheinbar „entlastende" Suche nach Sündenböcken kann auf Dauer nicht zu einer entlastenden Versöhnung und zu Frieden führen, auf den wir mehr denn je angewiesen sind.

Deshalb also – im Interesse einer nicht projizierten, billigen Entlastung – holen wir die biblische Erinnerung an das Schicksal des Gottesknechts in Jesaja 53 wieder. Sie nämlich stellt die traditionelle Opferpraxis in Frage. Zum ersten Mal in der Religionsgeschichte entlarvt sie die selbstgerechte Unehrlichkeit der Opferpraxis: Der „Gottesknecht" (den dann eben wie angedeutet später auch die ersten Christen zur Deutung des Geschicks Jesu heranziehen) gilt als unschuldiges Opfer, dem das Gewaltpotenzial der politischen, gesellschaftlichen und religiösen Verhältnisse zu Unrecht aufgeladen wurden. Die Funktion des Opfers kommt ihm also zu Unrecht zu. Er wurde von Menschen, nicht kraft eines aktiven göttlichen Planes, sondern aus Gründen gesellschaftlicher Stabilisierung, nicht zur gottgewollten Sühne für eine Beleidigung Gottes umgebracht:

Das Opfer ist unschuldig!

Dies ist die ebenso skandalöse wie schmerzhafte Einsicht für alle, die Sündenböcke brauchen, um selber „friedlich" leben zu können. Es kommt also bei Jesaja etwas zum Bewusstsein, was ansonsten in der bisherigen Geschichte von Gewalt und Gewaltverhinderung, auch in deren religiöser Aufarbeitung, unbewusst blieb.

Die Evangelien benennen mit dem zentralen Satz „Vater, vergib ihnen, denn sie wissen nicht, was sie tun" (Lukasevangelium 23,24) die Ohnmacht der Mobilisierten gegenüber dem mobilisierten mimetischen Furor derer, die Sündenböcke brauchen. Und das Tragische ist: Die Verfolger „glauben" auch noch, das „Richtige" zu tun und für Gerechtigkeit, Wahrheit und Moral einzustehen; sie glauben, ihre Gemeinschaft zu retten.

Aber indem die Passionsberichte der Evangelien die Einsicht in diesen Opfermechanismus und in die mimetischen Zyklen ermöglichen, befähigen sie uns, aus der Naivität gegenüber diesem Opfermechanismus auszusteigen und nicht im Chor mitzuschreien: Kreuzige ihn!

Die Evangelien rehabilitieren die Opfer des Opfermechanismus, indem sie aus dem Spiel der gewalttätigen Ansteckung, des Herdeninstinktes, der dionysischen Lynchmorde aussteigen.

Bleibt die entscheidende Frage der Entlastung: Woraus schöpften die kleine Menge der Frauen und Jünger die Kraft, woraus schöpfen wir heute Ressourcen und Mut, nicht einzustimmen in die Menge und die Macht der Behörden damals, und der verurteilenden Medien heute, die unbedingt immer wieder „Opfer" brauchen?

Girard meint, eine plausible Antwort lasse sich menschlich (im „anthropologischen Kontext") kaum finden: „Um die mimetische Einheit zu brechen, muss eine der gewaltigen Ansteckung überlegene Macht angenommen werden"; eine „dem mimetischen Furor überlegene Macht".

Welche Macht wäre das, die über die gewalttätige Mimetik triumphiert? Die Evangelien antworten, es sei der Geist Gottes, die dritte Person der christlichen Trinität, der Heilige Geist und die durch ihn bewirkte Barmherzigkeit. Offensichtlich übernehmen sie die Regie. Es wäre beispielsweise falsch, von den Jüngern zu sagen, sie würden sich wieder fassen: Es ist die Dynamik des barmherzigen „Geistes Gottes", der sie erfasst und nicht mehr loslässt. Es gilt – für den Moment einmal wörtlich zu nehmen –, dass der Heilige Geist die Verfolger über ihre eigenen Verfolgungen aufklärt.

Der Heilige Geist offenbart den Individuen die buchstäbliche Wahrheit dessen, was Jesus am Kreuz gesagt hat: Sie wissen nicht, was sie tun. Jedes Gefangensein in der sakralisierten Gewalt des Opfermechanismus ist also Gewalt gegen Christus.

Solche dynamische Wirkung des Heiligen Geistes, der mimetischen Gewalt ins Auge zu blicken und ihr nicht zu verfallen, nennt die christliche Tradition Barmherzigkeit. Dies im Deutschen kaum noch positiv verwendete Wort hat seinen etymologischen Ursprung im Hebräischen, aber eben auch im alten Germanischen in sinnlichen Tiefgründen, als Gebärmutter, Schoß und „an die Brust nehmen". Barmherzigkeit – könnte man sagen – ist eine bewegte (von Gott bewegte, daher Gottes Barmherzigkeit) Bewegung zum Anderen hin, ohne sich dort wiederzufinden, eine Güte, die nicht mit sich identisch bleibt. Radikal angesehen, so etwa Emmanuel Levinas, ist Erbarmen eine Bewegung von mir zum Anderen, ohne den Anderen wirklich zu verstehen, zu integrieren oder zu bekehren.

Was also bleibt an Entlastung, die, wie wir gesehen haben, ziemlich ambivalent sein kann?

Es bleibt das wirkende Bild des verwundeten Heilers mit seinem Bezug zur dritten oder auch „vertikalen" Dimension, die in der Tradition „Gott" heißt und die man erst im Nachhinein spürt. Es kann einen gelassener stimmen und barmherziger. Aber der Weg von der Moral zum Erbarmen ist meist weit; denn „Erbarmen" ist – gegen die Konsequenz der Optimierungs- und Moralisierungsmaschinerie – die Inkonsequenz Gottes um der Menschen willen, aus souveräner Liebe, aus dem Mitleiden mit seiner Unvollständigkeit. Wir müssen nicht werden wie Gott oder wie Halbgötter in Weiß. Das kann man getrost der vertikalen Seite überlassen. Unvollkommenheit ist menschlich. Wir müssen uns nicht und auch nicht andere unbedingt optimieren wollen. Erbarmen (hebräisch: rechem) hat denn auch seinen leibhaften Ort im nicht von den Rippen geschützten unteren Bauch. Es hat also seinen „Ort" an eben der Stelle, an der eine oder einer selbst verletzlich ist. Wer unverwundbar ist, ist erbarmungslos. Erbarmen entlastet von erbarmungsloser Unverwundbarkeit. Darin liegt die entlastende Kraft des Bildes vom „verwundeten Heiler"!

Kapitel 2 Sabbath: Entlastung von der Belastung der Erde

Der Sabbath ist das größte Geschenk des Judentums an die Weltkultur. Man entlastet sich, die anderen, die Erde, sogar Gott von der Arbeit und entzündet, um nicht Herd und Ofen anzumachen, die Sabbathkerzen am Abend zuvor. Drei Mahlzeiten sind vorbereitet. Der Sabbath kann beginnen. Aber was steht hinter dem Ritual?

Bereits 1927 hat Erich Fromm gezeigt, wie Israel den im babylonischen Exil vorgefundenen „Sabattu" umgewidmet hatte von einem Tag der Strafe und Buße zu einem Leben, Erde und Mensch entlastenden Feiertag.

Wie das? Es hängt, so Fromm, mit dem jüdischen Verständnis von Arbeit zusammen. Kein – wie bei uns heute – Sich-Abmühen und wirtschaftliche Werte Schaffen, sondern ein auf Natur und Erde einwirkendes aufbauendes *und* zerstörerisches Tun. Mit der Arbeit nämlich bezwingt man die „Materie", den mütterlichen Stoff (für Psychoanalytiker übrigens ein inzestuöses Tun). Man „verletzt" Mutter Erde wie die Natur überhaupt. Solche tätige „Verletzung" galt archaisch als Frevel, den man irgendwie (symbolisch) rückgängig machen musste. Der babylonische „Sabattu" war also ein negativer Tag, bestimmt durch den Verzicht, die Natur zu bezwingen.

Wir finden hier eine frühe mythisch-ökologische Einsicht. Übrigens begangen mit ähnlich drängender Belastungssymbolik und -rhetorik, wie sie heute die aktivistische Sorge um den Klimawandel bestimmt. Der Sabattu war also ursprünglich die Buße für das Urverbrechen, das die Menschen inzestuös der „Mutter Erde" durch ihre Arbeit angetan hatten. Man wollte an diesem Tag sozusagen durch Inzestverhütung und Strafe die Harmonie der Mutterleibsituation wiederherstellen und die Strafe mildern oder sogar aufheben. Es ging also eben nicht um die erholsame Ruhe von der Arbeit, sondern um die Herzensversöhnung der Götter, vor denen man sich zu demütigen und denen gegenüber man seine Ohnmacht zu zeigen hatte.

Die hebräische Mythologie hat diesen Bußcharakter ihrerseits in den Hintergrund gedrängt, wo er virulent bleibt – übrigens bis heute. Aber im Vordergrund des jü-

dischen Sabbath steht die Umwandlung eines belastenden Buß- zu einem entlastenden Feiertag. Um nur einen
Beleg für die Umwandlung zu erwähnen: Miteinander zu
schlafen, diese Feier des Eros, gehört denn auch zu den
immer wieder geäußerten Empfehlungen des Sabbath.
Es geht als freudiger Höhepunkt der Woche um ein ent-
lastendes Lebensgefühl mit Arbeitsverzicht. Dieser Verzicht hat, um mit Erich Fromm zu reden, nicht mehr die
nur negative Bedeutung des Inzestverhütung und damit
Schonung der Mutter Erde, sondern, so Fromm, „er dient
umgekehrt der Wiederherstellung des paradiesischen Zu-
stands, der Harmonie des Menschen mit der Natur, der
Rückkehr in den Mutterleib. Man könnte auch sagen,
erst diese entlastende, aber auch regressive (bei Fromm
in psychoanalytischem Vokabular erzählt) feierliche Umwandlung macht den Sabbath sozusagen zu einem Mo-
dell. Mit ihm im Rücken versteht sich Arbeit an und mit
der Schöpfung an den übrigen Wochentagen als stets
ambivalenter Ausdruck menschlicher Bemühung und Be-
dürftigkeit, weil die „Mutter Erde" die Menschen ja nicht
nur von selbst ernährt. Es bedarf der Mühe, die Erde zu
„bebauen und bewahren!", wie es im zweiten Schöpfungs-
bericht der Genesis heißt. Und damit ja auch, wenngleich
schonend, zu verletzen.

Darum stellt Israel – singulär unter den Religionen –
die Feier des Sabbaths zugleich in den Zusammenhang

seiner entlastenden Erfahrung der Befreiung von den Lasten der Sklaverei. So wird der Sabbath zum Tag der Entlastung im doppelten Sinn: Erinnerung an die gut eingerichtete Schöpfung, denn der Sabbath feiert die göttliche Ruheentlastung des siebten Tages und holt jede Woche im Ritual die Erfahrung jener ständigen Entlastung von Sklaverei zurück.

26   Die erste Schöpfungsgeschichte der Bibel also endet mit einer Selbstunterbrechung und Selbstentlastung Gottes. Nach seinem Schöpfungswerk hält er inne, unterbricht den Fluss der Entwicklung des Lebens, um zurück und vorwärts zu schauen: und siehe, es war sehr gut, es wird weiter gut sein.

Tiefe Weisheit liegt in dieser schöpfungstheologischen Spekulation: Das fortwährende Schöpfungshandeln Gottes, das ja mit den ersten sechs Tagen nicht zu Ende ist und sich auf andere Weise permanent fortsetzt (creatio continua nennt das die dogmatische Tradition), braucht Innehalten, um entlastend zu wirken. Denn am Sabbath gilt es, die Erinnerung zu ordnen, um dann wieder aufbrechen zu können.

Für Christinnen und Christen ist dann ergänzend der Sonntag zum Symbol der großen Unterbrechung geworden. Er gilt als der Auferstehungstag Jesu Christi. Es ist der Tag nach dem jüdischen Sabbath, an dem damals für die Jünger des Galiläers alles ruhte, auch die Hoffnung.

Der Sonntag ist näher am Aufbrechen als am Aussetzen. Er bringt in Bewegung – die Jünger auf dem Gang nach Emmaus, die Frauen, die vom Grab weglaufen –, um die Auferstehungsbotschaft zu verkünden. Der Sonntag dynamisiert, weil er die Überwindung der Zwangsunterbrechung am Karsamstag bereits im Rücken hat.

Noch im säkularisierten Fortschrittsmythos der Moderne steckt etwas von dieser Aufbruchsdynamik. Sie überdreht allerdings ins Endlose und verliert ihre entlastende Kraft, wo sie den Sabbath vergisst.

Die griechische Bibel, das „Neue Testament", erwähnt denn auch den Missbrauch des Sabbath, indem man diesen Tag mit Vorschriften und zum Teil unsinnigen Regeln umstellt hat. Seine Entlastung ging damit völlig verloren. Aber die Tatsache, dass der Sabbath wie übrigens dann auch der Sonntag (und auch der muslimische Freitag) in der Vergangenheit gesetzlich missbraucht worden sind, kann kein Grund dafür sein, sie heute abzulehnen.

Die Sabbathruhe und dann eben auch der Sonntag, vielleicht auch der Freitag, wirken entlastend bis heute, weil sie dafür sorgen, dass wir wenigstens einmal in der Woche aufhören, uns um offene Rechnungen, Ärger in der Firma, lästige Verpflichtungen oder den ganzen Kleinkram des Alltags zu kümmern. Sogar Wirtschaft und Banken hätten allen Grund, sich bei Sabbath und Sonntag zu bedanken: Denn diese freien Tage am „Wochenende", an der die Börsen geschlossen waren, gaben Gelegenheit, den totalen Crash zu verhindern. Und damit wirken Sabbath und Sonntag, wie ein „transfunktionalistisches Paradox"(Leo O' Donovan).

Indem die Nützlichkeit an diesem Tag aufgehoben ist, stellt sich zugleich die entlastende Frage nach dem Nutzen von Nützlichkeit. Und allein schon diese Perspektive und Frage nach dem Nutzen der Nützlichkeit eröffnet entlastende Distanz und neue Perspektiven. Die Auszeit, die die kurze Zeit der Arbeit unterbricht, wird zur Agentur der langen Zeit. Die Frage dieser entlastenden Tage ist also nicht: „Was darf ich nicht tun?", sondern entlastend: „Was brauche ich nicht zu tun?"

Kapitel 3 Atlas und Christophorus:
Entlastung von Schicksal und
Starrheit

„Ich unglückselger Atlas! Eine Welt, / die ganze Welt der Schmerzen, muß ich tragen / Ich trage Unerträgliches, und brechen / Will mir das Herz im Leibe", dichtet der junge Heinrich Heine verzweifelt und hoffnungslos. Im Jahr 2013 singt die britische Band Coldplay in ihrem Song „Atlas": „Heaven we hope Is just up the road/Show me the way, Lord,/Cause I am about to explode/Carry your world/I'll carry your world."

Da will also heute jemand die Last selber übernehmen, welche die mythische Geschichte dem Atlas auferlegt hat. Die Last des Himmelsgewölbes und der Welt lässt sich im Mythos aber nicht abschütteln. Und es klingt doch stark anstrengend, wenn man sich heute zumutet, diese Last als Mensch selber zu übernehmen – I'll carry your world. Eine klare Überforderung des „Ich"!

Demgegenüber findet sich in der Gestalt des Christophorus eine andere Form der Entlastung von überfordernder Belastung. Christophorus ist nach der „Legenda aurea" des Jacobus de Voragine ein Hüne aus dem Land der Chananäer, „zwölf Ellen hoch und furchterregend durch sein wildes Antlitz". Er hat den einzigen Wunsch, jemandem zu dienen, der größer ist als er selbst. Im Bestreben, keinem als dem höchsten Herrn zu dienen, zeigt sich die Frage nach dem lebensleitenden Prinzip. Zuerst also begegnet er dem König. Christophorus erkennt schnell, der fürchtet sich vor dem Teufel. Aber als er mit dem Teufel des Weges geht, bemerkt er, dass der Teufel Umwege macht, sobald ein Kruzifix am Wegesrand auftaucht. Christophorus beschließt also, auch den Teufel zu verlassen. Auf seiner Suche nach Größerem als er selbst, trifft er auf einen „frommen Einsiedler", „der predige ihm in Christo", wie die Legende erzählt. Er rät Christophorus zunächst, er solle fasten. Antwort: „Er fordere von mir ein ander Ding, denn dies vermag ich nicht zu tun". Darauf der Einsiedler: „Es ist not, dass du viel zu ihm betest!" Christophorus antwortet: „Ich weiß nicht, was das ist und kann ihm darin nicht folgen." Da er groß und stark ist, rät ihm der Alte an den Fluss zu gehen, „darin viele Menschen umkommen". Christophorus erwidert: „Das vermag ich wohl, dort will ihm hierin dienen."

Fazit: Christophorus muss nicht fasten, nicht beten, sondern tun, wozu er geeignet ist. Eines Tages kommt ein Kind und bittet ihn, über den Fluss gebracht zu werden. Jacob de Voragine schreibt: „Christophorus nahm das Kind auf seine Schulter, ergriff seine Stange und ging in das Wasser. Aber siehe, das Wasser wuchs höher und höher, und das Kind ward so schwer wie Blei. Je weiter er schritt, je höher stieg das Wasser, je schwerer ward ihm das Kind auf seinen Schultern; also, dass er in große Angst kam und fürchtete, er müsse ertrinken. Und da er mit großer Mühe durch den Fluss war geschritten, setzte er das Kind nieder und sprach: Du hast mich in große Fährlichkeit bracht, Kind, und bist auf meinen Schultern so schwer gewesen: hätte ich alle diese Welt auf mir gehabt, es wäre nicht schwerer gewesen." Das Kind antwortete: „Des sollst du dich nicht verwundern, Christophore; denn du hast nicht allein alle Welt auf deinen Schultern getragen, sondern auch den, der die Welt geschaffen hat. Denn wisse, ich bin Christus, dein König, dem du mit dieser Arbeit dienst."

Die Legende also holt wieder das Motiv des „die Welt Tragen". Sie klingt sehr ähnlich wie die titanische Atlas-Gestalt mit der hünenhaften Riesengestalt. Aber wichtiger sind, wie der Philosoph Peter Sloterdijk in seinem großen Sphärenwerk herausgefunden hat, die Umwandlungen gegenüber dem Atlas-Mythos.

Christophorus ist nicht statisch-tragisch an den Platz gefesselt. Er bewegt sich und tut das, was er wirklich kann: Er trägt den, der die Welt trägt, über den Lebensfluss. Zweiter Unterschied: Christophorus trägt das Kind freiwillig. Die christliche Legende also hat atmosphärisch kaum mehr etwas gemein mit jenem Zwangsverhältnis des verdammten Titanen am Rande der Welt.

32   Ein Kind zu tragen statt die Last der Weltkugel, bedeutet weniger sich selbst mit dem Gewicht des Ganzen zu beladen, sondern sich auf etwas ganz Anderes unscheinbares zu beziehen. Und während der titanische Atlas starr und unbeweglich dasteht wie eine Säule, bewegt sich Christophorus, indem er beständig einen Fluss durchquert. Wir halten fest: Das Welt-Tragen in der antiken Konnotation lässt den archaischen Atlas unter seiner Last erstarren. Eine mythische Geschichte, die sich um die antike Atlasfigur rankt, berichtet, dass Perseus, als er mit dem Haupt der Medusa von den Hyperboreern zurückkehrt, Atlas mit diesem tatsächlich versteinert. Diesem Bild des versteinernden Verhältnisses unterliegt die Vorstellung, dass die Welt nur tragen kann, wer sich in die starren Gewalten von Himmel und Erde einspannen lässt. Schicksalhaft sozusagen.

Im christophorischen Bild hingegen ruht das Weltgebäude nicht mehr auf den festen, in die Ewigkeit gefügten Verhältnissen der Naturgewalten, sondern wird in einer

Art gelassener „Beziehung zu einem personalen Gegenüber eingebettet" (Sloterdijk).

Es liegt unter dieser Schicht noch eine weitere Folge, auf die Sloterdijk nicht eingeht, wie der Berliner Pädagoge Ulas Aktas bemerkt. Wenn Christophorus die Reisenden über den Fluss trägt, muss der Fluss zugleich als symbolisches Attribut aufgefasst werden. Über den Fluss zu gehen ist nicht irgendein einfaches „Übersetzen" oder Hinübertragen, sondern es hat, wie in jeder „Legende", zugleich einen symbolischen Sinn: Übersetzen über den Fluss bedeutet, an ein neues Ufer zu gelangen. Dieses An-ein-neues-Ufer-Gelangen kann in der metaphysischen Metaphorik, die der Legende unterliegt, nicht als beliebiges Reisen ausgelegt werden. Der Fluss deutet in seiner Symbolsprache auf eine Reihe von Unterscheidungspaaren. Naheliegend sind beispielsweise: Diesseits und Jenseits, Leben und Tod, Heiliges und Profanes, Göttliches und Weltliches. Wenn Christophorus einen Reisenden über den Fluss trägt, so ist also davon auszugehen, dass dieser Dienst nicht nur ein einfacher Trägerdienst ist. Christophorus ist offensichtlich kein Gepäckträger.

Nimmt man die Metapher des Flusses ernst, so wird deutlich, dass der Dienst des Christophorus ein unmittelbar pastoraler sein muss. Er entlastet.

Es gibt noch ein zweites Merkmal, das auch nicht so recht ins Bild des duldsamen Arbeiters passt und die

Flussmetaphorik unterstreicht. Es ist das wenig auffällige, aber doch markante Attribut des Stockes in der Hand des Christophorus, vielleicht nur ein Zeichen für die Beschwernis des Tragens, aber gleichzeitig ein viele Jahrhunderte altes metaphysisches Attribut des Hirten. Christophorus ist nicht irgendein beliebiger Knecht, auf der Suche nach einem Dienstherrn. Er sucht eine Beziehung, die größer ist als er selbst, eine Entlastung davon, selber der Größte sein zu müssen. An die Stelle einer solitären Gewichtheberrolle wie bei Atlas tritt eine starke Beziehung zu einem kleinen Kind.

Ausgerechnet auf einem Bild des Christophorus kommt das Entlastungsgeschehen deutlich zum Ausdruck. Meist wird der Fährmann als ein hünenhafter Heros inszeniert, der triumphierend die Fluten durchquert. Beim süddeutschen Maler Konrad Witz ist von einem solchen Triumph nichts zu spüren. Im Gegenteil: Er erscheint in Witzens Gemälde mehrfach gebrochen: Er knickt zunächst unter der Last des Pantokrators in Kindsgestalt ein. Während in anderen Christophorus-Bildern das geschulterte Christuskind in einer halbdurchsichtigen Weltkugel sitzt, deren Achsen auch den Bildraum orten, ist es bei Konrad Witz nicht Christus, sondern der Christusträger, der die konzentrischen Kreise im Wasser auslöst. Jeder einzelne strapaziöse Schritt verursacht neue Ringwellen, die die vorherigen überlagern und den

Mittelpunkt damit stets in Bewegung halten. Die zweite Brechung ist die des Stabs, auf den sich Christophorus stützt. In einigen Varianten der Legende wird der Stab als ein Palmstock geführt, den der Fährmann am anderen Ufer, nach seiner Läuterung, in den Boden pflanzt und der dort zu einer prächtigen Palme gedeiht. Bei Konrad Witz wird der Stecken, wie Emmanuel Alloa gesehen hat, radikal anders verstanden: Das Bild zeigt eben jenen Augenblick, in dem der Ast in der Mitte entzweibricht und Christophorus samt Christus, der sich an eine Haarlocke klammert, nach vorne sackt. Notdürftig versucht die vorgestreckte linke Hand, das verlorene Gleichgewicht auszubalancieren. Präzise ist auch die Lichtbrechung im Wasser umgesetzt, das den Stab doppelt gebrochen erscheinen lässt. Die Infrarotdurchleuchtung des Bildes zeigt, dass Witz den Stab zunächst ungebrochen malte, er die Gerade aber wegen des hinzugefügten Wassermediums nachträglich korrigierte. In der Berücksichtigung der eigentümlichen Dichte des Mediums, seines opaken, aber auch durchlässigen Charakters, unterscheidet sich Witz maßgeblich von anderen Zeitgenossen. Das gesamte Gemälde lasse sich als eine eindrucksvolle Allegorie der Trägerschaft deuten.

Der Fährmann wirkt, schon seiner Definition nach, metaphorisch; er transportiert (griechisch: metapherein) von einem Ufer ans andere. Diesmal transportiert er keinen Menschen, sondern genauer eine Erscheinung: Gott in menschlicher Gestalt. Sein Übergang entpuppt sich als Taufe (der Fährmann gelangt zu seinem neuen Taufnamen), als Entlastung also von belastender Vergangenheit. Mag das „Transzendieren" noch beschwerlich sein, die Entlastung ist aber die Folge einer solchen „Taufe".

Mit seiner Wortschöpfung „gelâzenheit" stellt Meister Eckhart dem entlastenden Lebensgefühl in beeindruckend schlichter Weise etwas sprachlich bereit, in dem Ruhe, Versenkung, Anbetung, Demut, Hingabe und Weisheit mitschwingen.

Es wird deutlich, dass er mit diesem Begriff den semantischen Wert der lateinischen Ausdrücke „resignatio" und „tranquilitas" ebenso sprengt wie den der griechischen Begriffe „euthymia" und „henosis". Diese Konzepte kreisen den viel komplexeren Begriff der Gelassenheit ein, ohne jedoch seinen Kern zu treffen und ohne seine Bedeutungsdichte und -fülle vollständig zu erschließen. Das gelingt erst mit der eingedeutschten Form der Konzepte, die deren Nuancen vereint, denn Gelassenheit beinhaltet sowohl das Aufgeben und Loslassen (resignatio), die Ruhe (tranquilitas) als auch ein gutes Gemüt (euthymia) sowie schließlich die Einheit mit Gott (henosis), die Meister

Eckhart zur „unio mystica" weiterdenkt. Die Aussteiger des 14. Jahrhunderts Johannes Seuse und Angelus Silesius, aber besonders Meister Eckhart haben Wort und Sache erfunden. Sie prägten das deutsche Wort „Gelassenheit": „Alle Liebe dieser Welt ist gebaut auf Eigenliebe. Hättest Du die gelassen, so hättest Du die ganze Welt gelassen", predigt Meister Eckhart.

38   Es lassen sich bei ihm drei Phasen des Lassens unterscheiden: Man kann die Welt lassen und fremd in ihr werden. Aber dies Lassen bedroht zugleich das Ich und seinen Willen, seine Beziehungen, schreibt die Theologin Dorothee Sölle. Was bin ich denn noch, wenn ich alles „gelassen" habe?

So wäre es ein weiterer Schritt, wenn man sich selbst verlassen und ohne Sorge um Ruf oder Stellung von sich weggehen würde. Man muss sich dann nicht festhalten, weder an den Dingen noch an den eigenen Gefühlen, zumal den depressiven. In diesem Sinn hat die deutsche Redewendung „Ich verlasse mich auf Gott" einen tiefen Sinn. Ich brauche mich nicht festzuhalten, weil ich gehalten bin, ich brauche nicht die Last zu tragen, weil ich getragen bin, ich kann von mir selber weggehen und mich preisgeben. „Ich kann mich verlassen" bedeutet auch, dass ich sterben kann.

Es gibt aber noch eine weitere für Christen ziemlich befremdende Form des Lassens. Diese höchste Form des

Lassens, die dritte, lässt nicht nur die Welt und das Ich, sondern auch Gott, den überkommenen offenbarten, Heil versprechenden Gott. Gott lassen um Gottes willen. Die Gelassenheit, auch Gott zu lassen, will die sprachlichen Begrenzungen und die religiösen Abschottungen durchbrechen. Ein Wagnis religiöser „Entlastung".

„Es geht darum, gelassen zu werden: also alles, was ich will und wissen und haben will, erstmal sein zu lassen. Nicht meine eigenen kurzsichtigen Ziele zu verfolgen, sondern sozusagen das Leben auf mich zukommen zu lassen. Das ähnelt ja schon dem Begriff, wie wir heutzutage Gelassensein verstehen. Also den Druck zu nehmen aus dem alltäglichen Leben. Wir sind getrieben in irgendwelchen Zwecken, wir müssen das und das erreichen. Und da erst mal zu sagen: Stopp, das muss nicht so sein. Das ist vielleicht gar nicht das Richtige. Und wenn ich so weitermache, verfehle ich genau das Richtige", sagt die Hamburger Theologin Christine Büchner.

Entlastung also von sich selbst. Hören wir Meister Eckhart: „So ist es in allem: Wo ich nichts für mich will, da will Gott für mich. Nun gibt Acht! Was will er für mich, wenn ich nichts für mich will? Wo ich von mir lasse, da muss er für mich notwendigerweise alles wollen, was er für sich selbst will, nicht mehr und nicht weniger, und in derselben Weise, in der er für sich will … Darum fange bei dir selbst an und lass dich. Je mehr die

Menschen nach außen gehen, umso weniger finden sie Frieden. Sie gehen wie jemand, der den Weg nicht findet. Je weiter er geht, umso mehr verirrt er sich. Was soll er also tun? Er soll sich selbst erst einmal lassen, dann hat er alles gelassen."

Aber Gott lassen? Wenn man die Fassade der gotischen Kirche am Hauptportal in Erfurt betrachtet, findet sich dort ohne Erklärung und Zusatz eben dieser Satz: „Man kann Gott nicht besser finden als dort, wo man ihn lässt. Nimm Dich selber wahr und wo du dich findest, da lass dich."

Für Eckhart sollte dieses Thema, das Lassen, zum wichtigsten Kern seines Denkens werden. „Die Reden der Unterweisung" – eine Art Gesprächsprotokoll zwischen dem 35-jährigen Eckhart und seinen Mitbrüdern – legt davon Zeugnis ab.

Scheinbar geht es in diesen „Reden der Unterweisung" um eines der drei Mönchsgelübde – den Gehorsam. Aber diese Schrift ist kein Loblied auf die Unterordnung des Einzelnen in ein System. Meister Eckhart denkt den Begriff des Gehorsams neu. Er wendet ihn zu einer Lebenspraxis des Lassens: Jeder Mensch solle nach einem „lauteren Ausgang" des seinen streben: nach dem willentlichen und wissentlichen Aufgeben dessen, was einem gehört. Bei diesem „lauteren Ausgang" geht es ihm nicht um ein Armwerden an Besitztümern. Es geht um das Heraus-

treten aus sich selbst, das Lassen seiner selbst. So wird aus
Gehorsam für Eckhart ein „ledig Sein", oder: Gelassenheit, eine Entlastung. Diese Gelassenheit ist für Eckhart
nichts, was man durch einen Akt der Erkenntnis oder des
Willens ein für alle Mal erringen könnte:

„Du musst wissen, daß sich noch nie ein Mensch in
diesem Leben so weitgehend gelassen hat, daß er nicht
gefunden hätte, er müsse sich noch mehr lassen …" 41

Der Psychologe Erich Fromm übersetzt denn auch
heute kongenial Eckharts Grundgedanken für die Gegenwart: Eine von aller Ich-Zentrierung befreite Lebenskunst
soll die auf das Haben ausgerichtete Existenz ablösen.
Wenn Fromm fordert, von der Angst um sich selbst, von
der Haben-Orientierung zu lassen, geht es ihm ebenso
wie Eckhart gerade nicht um das Ideal eines asketischen
Lebens. Das Misstrauen Meister Eckharts gegenüber
den religiös-asketischen Praktiken seiner Zeit formuliert
Fromm im Hinblick auf seine eigene Umwelt: „Die As-
kese mit ihrem ständigen Kreisen um Verzicht und Ent-
sagen ist (…) nur die Kehrseite eines heftigen Verlangens
nach Besitz und Konsum. Der Asket mag diese Wünsche
verdrängt haben, aber faktisch beschäftigt er sich gerade
durch sein Bestreben, Besitz und Konsum zu unterdrü-
cken, unausgesetzt mit diesen."

Für Erich Fromm geht es vielmehr darum, das Ge-
fängnis des isolierten Ichs zu verlassen. Ein Mensch, der

dies wagt, ist frei, sich auf die uneingeschränkte Liebe zum Leben, zum Lebendigen einzulassen. Es geht dabei um nichts weniger als um die Möglichkeit, die Furcht vor dem Sterben zu verlieren. Die Angst um mein Ich lassen zu können – in der letzten Konsequenz bedeutet dies bei Fromm – ebenso wie bei Eckhart –, sogar die dunkelste Kerkerzelle der menschlichen Existenz verlassen zu können: die Angst vor dem Tod. So wäre Eckarts Gelassenheit sozusagen ein Schlüssel, mich einzulassen auf das Wagnis, mich entlasten zu lassen; kein Allheilmittel, das mir meine Zweifel erspart. Aber dennoch eine Entlastung, die Atemfreiheit verschaffen kann.

Selbst das Lassen Gottes, das Lassen meiner selbst wird aufgehoben sein in dem großen Gefunden-Werden, im gelassenen Ausatmen, als ein Ankommen im Aufgehoben-Sein selbst. Darum findet man Gelassenheit auch häufig in der Nähe von Ruhe: Ruhe und Gelassenheit in einem Atem sozusagen. Aber wenn es im „Erlkönig" vom Vater heißt: „Sei ruhig, bleibe ruhig, mein Kind", dann spürt man sofort, dass es nicht heißen kann: „Bleibe gelassen, mein Kind!" Ein Kind kann vielleicht gar nicht gelassen sein. Vielleicht also ist Gelassenheit eher eine Frucht und Haltung späterer Lebensjahre.

Wie sie im Gebet des amerikanischen Theologen und Bonhoeffer-Freundes Reinhold Niebuhr zum Ausdruck kommt:

„Gott, gib mir die Gelassenheit, Dinge hinzunehmen, die ich nicht ändern kann, den Mut, Dinge zu ändern, die ich ändern kann, und die Weisheit, das eine vom anderen zu unterscheiden."

Gerade Gelassenheit führt zum Wunder gegenseitiger Begegnung, weil sie nicht drängt, übergriffig ist oder sich gar aufdrängt. Mit dem Philosophen Paul Ricoeur gesagt: „Das Wunder der Gegenseitigkeit besteht darin, dass die Person beim Austausch selbst als nicht durch einander ersetzbar erkannt werden muss." Diese Gegenseitigkeit des Nichtersetzbaren ist das Geheimnis der gegenseitigen Gelassenheit.

Gelassenheit übrigens sei eine alte „biologische Savannenerrungenschaft" (Peter Sloterdijk). Der Gedanke dahinter: Gelassenheit ist eine Folge der Sicherheitsreserve durch den weiten Blick. Nur wer den möglichen Angreifer schon aus der Ferne kommen sieht, kann es sich erlauben, entlastend am Baum zu sitzen und zu entspannen. Der „weite Blick" also wäre eine Voraussetzung für entlastend gelassenes Verhalten. Überhaupt fällt bei gelassenen Menschen auf, dass sie keine Fanatiker sind und auch keine Zyniker. Ihre Haltung, dass nicht gleich alles so heiß gegessen wird wie gekocht, gestattet es ihnen, Ethik und Moral zwar zu „können", aber nicht einfach der konkreten Situation zu opfern wie Michael Kohlhaas.

Insofern gehört zur Gelassenheit eine große Portion Humor, als Fähigkeit, sich selbst von außen zu betrachten und in leichte Distanz zu sich selbst zu gehen. Darum gesellt sich zur Gelassenheit häufig das Beiwort „heiter". „Heitere Gelassenheit", ein Ausdruck von Reife und Lebensweisheit. In ihm steckt eine Art Zuversicht, die man braucht, um seine Wahrnehmung – trotz melancholischer Grundstimmung – auf all das Schöne und Lohnenswerte im Leben zu richten, das uns auch umgibt.

Gelassen eingesetzt glättet Humor dann die Wogen, entspannt die Lage und bewahrt vor Überreaktionen. Auf gelassene Leute kann man sich „verlassen", man kann entlastend Verantwortung abgeben und sich ein wenig entspannen. Da ist jemand, der (noch) weiß, was er tut und gegen den ich mich nicht auch noch schützen oder verteidigen muss. Denn humorvolle Menschen gelten als unkomplizierte, unterhaltsame, freundliche Menschen, die gelassen reagieren und einen nicht gleich verurteilen.

Gerade jetzt könnte das Lächerliche und das Verspottet-Werden eine Ressource für ein kritisches und christliches Selbstverständnis sein. Wieso? Weil wir als Reaktion auf die Moderne ein Erstarken des religiösen Fundamentalismus erleben. Damit geht aber ein Verlust an Selbstkritik einher. Und es steigt die Gefahr der Ursünde jeglicher Theologie: sich selbst mit der göttlichen Perspektive zu verwechseln. Man vergisst, dass jeglicher Glaubenszugang, jegliche Theologie, jegliche Lehre unzulänglich ist. Wir können nicht fehlerfrei von Gott sprechen. Alles, was wir von ihm sagen, bleibt lächerlich. Und mit dieser Lächerlichkeit kann man ganz gut leben, denn Humor wirkt aufklärerisch, weil ihm ein Schockmoment innewohnt. Das Komische zeigt die Grenzen der eigenen Wirklichkeitssicht. Es zwingt mich, darüber zu reflektieren.

Konkrete Probe: Die Mohammed-Karikaturen oder der gekreuzigte Frosch des Künstlers Martin Kippenberger wollen Tabus brechen. Andererseits ist das Heilige, Religiöse eines der intimsten menschlichen Gefühle. Wer damit unreflektiert spielt, kann tief verletzen und Wut hervorrufen. Der gekreuzigte Frosch oder Mohammed mit der Bombe im Turban wollen weh tun. Mit Kuschelhumor funktioniert eine Satire nicht. Sie will, indem sie ätzend ist, Botschaften vermitteln. Sind diese aber nicht erkennbar, bleibt nur die Verletzung. Als Christ kann ich immerhin über den gekreuzigten Frosch nachdenken: Warum ist das Kreuz offenbar immer noch anstößig? Auch Beleidigungen können Positives bewirken. Was nicht immer den Beleidiger entschuldigt. Konkret: Der Frosch am Kreuz wäre okay, weil die westliche Welt gelernt hat, mit der religiösen Beleidigung produktiv umzugehen – aber

Mohammed-Karikaturen sind unzulässige Grenzverletzungen? In den Augen mancher „Betroffener" „JA". Zu fragen aber wäre, warum jene große, gelassene und göttliche Souveränität fehlt, Blasphemie und Karikatur abperlen zu lassen, wie Wasser an einer Ente

Vielleicht muss man darauf hinweisen: Anders nämlich als im Christentum und dem Islam gibt es im Judentum eine lange Tradition, die eigene, desolate Lage mit Humor zu ertragen und über die eigene Religion zu lachen. Humor war häufig Antwort auf den „Schlamassel" und also hatte das Schreckliche nicht das letzte Wort, denn jeder Gewalttäter ist lächerlich. Die Frage geht aber weiter: Kann man noch Witze über Frauen, sexuelle Minderheiten, Menschen mit Migrationsgeschichte, gläubige Menschen machen? Oder stirbt vor lauter Empfindlichkeit der Humor aus? Eine humorfreie Welt wäre allerdings furchtbar.

Und vielleicht ist es kein Zufall, dass man bei Priestern, Pastoren und Pastorinnen, Pfarrern und Pfarrerinnen mehr *über* sie lacht, als mit ihnen! Anders hingegen beim jüdischen Rabbi! Der lacht mit, indem er selber diese entlastende göttliche Humorgeschichte erzählt: „Ein Rabbi spielt für sein Leben gern Golf. Doch leider regnet es schon seit Wochen ununterbrochen. An Golfspielen ist deshalb überhaupt nicht zu denken. Doch dann – am Sabbatmorgen – kommt endlich die strahlende Sonne hervor! Als Rabbi ist er jetzt in einer schwierigen Situation: Denn am Sabbat, am Ruhetag ist sportliche Betätigung streng verboten! Die Lage ist verzwickt! Der Rabbi zögert – geht in sich – schaut aus dem Fenster: Einfach perfektes Golfwetter! Fünf Minuten später steht er auf dem Golfplatz. Er zielt auf das Loch in 123 m Entfernung. Im Himmel rast der Prophet Elia aufgeregt zu Gott: ‚Herr, siehst du das?! Das darf er doch gar nicht! Du musst ihn bestrafen!‘ ‚Keine Sorge‘, antwortet Gott, ‚er wird seine Strafe in dieser Minute erhalten.‘ Der Rabbi nimmt Schwung. Der Ball fliegt durch die Luft. Kommt auf, rollt und … perfekt eingelocht! Ein *Hole-in-one* – wie es in der Golfsprache heißt. Der Prophet ist entsetzt: ‚Herr, hast du das gesehen? Was ist mit der Bestrafung?‘ Und Gott antwortet gelassen: ‚Wem kann er das jetzt erzählen?‘“

der Zeit:
Bachs Kantate „Gottes Zeit
ist die allerbeste Zeit"

Nicht mit Worten, sondern mit Musik stimmt Bach in
das ein, was vom Zeitdruck und Schmerzhaftigkeit der
Lebenszeit entlasten kann. Die Basslinie der Eingangssin-
fonia besteht 19 Takte lang lediglich aus Achtelnoten mit
Sechzehntel- und Achtelfiguren; fast zeitlos gleichförmig,
so als wollte Bach in eine Zeit einstimmen, die er die allerbeste nennt, in der wir „leben, weben und sind".

Was ist das für eine Zeit?

Es muss eine Zeit sein, in der menschliches Leben gelingt, nicht dank der Zeit, sondern trotz ihrer. Man kann
(mit dem Philosophen Michael Theunissen) Formen erleben, wie wir mit unserer Lebenszeit gelingend umgehen.
Einmal geht es um Herrschaft über die Zeit. Wir ringen
sozusagen der Herrschaft der Zeit über uns eine Zeit ab

und lassen uns nicht mehr ganz und gar von ihr instrumentalisieren.

Zweitens dann geht es um Freiheit von Zeit, dem Glück des Verweilens. Im Verweilen gehen wir mit der Zeit nicht mit, so Theunissen. Wir widerstehen damit dem Sog, uns entweder an die Zukunft zu verlieren oder aber – besonders bei älteren Menschen – uns zu verlieren an die Vergangenheit. Selbst das heute so gepriesene Sich-Verlieren-im-Augenblick gründet doch nur in einem Ausfall von Zukunft und Vergangenheit. Das sich Verlieren im Augenblick bringt es genau so wenig zur Gegenwärtigkeit wie das Nichtpräsentsein.

Zum Präsentsein (Wenn der Kasper ruft: „Seid ihr alle da!") gehört drittens, dass etwas anderes da ist als Zeit. Dies „Andere der Zeit" nennt Bach „Gottes Zeit".

Der Komponist entlastet mit seiner Kantate von drückender Zeitherrschaft- und knappheit. Er bringt bereits mit der Einstimmung und dann mit der gesamten Kantate eine Wendung der Zeit ein, die darauf aufmerkt, dass es in der Zeit selbst etwas gibt, das über sie hinausweist. Dem kann man sich nur „anschmiegen", um eben ihr das zu entlocken, was die Tradition „Ewigkeit" nennt. Bach entlastet von der Zeit, indem er sich jener Seite zuwendet, die anders ist als die Zeit und über sie hinausweist.

Was nun hat diesen Stimmungswandel ausgelöst? Die Antwort eben wäre die Aussage: „Gottes Zeit ist die allerbeste Zeit", die als Textanfang der Kantate auch den Namen gibt. Indem die andere von Bach herbeikomponierte Zeit in der gegenwärtigen Zeit mit gegenwärtig ist (das kann man und soll man hören), mobilisiert sie zugleich eine Art Aufstand oder Trotz gegen die herrschende chronologische Zeit. Das griechische Wort für diesen „Trotz" heißt „Parusia", was wörtlich heißt: Neben-der-Zeit-sein. In „Gottes Zeit" stehe ich sozusagen neben der Zeit, weil „Gottes Zeit" die chronologische ergriffen hat.

Gelebtes und erfahrenes Beispiel ist im Judentum der Sabbath, nicht einfach ein weiterer Tag der Woche, der den anderen gleicht oder ihnen entspricht, sondern ein innerer Bruch mit der Zeit. Man kann sich von diesem Anderen der Zeit – sozusagen in diesem Bruch – um Haaresbreite ergreifen und wandeln lassen.

Das könnte freilich so klingen, als hätten wir uns schicksalhaft in „Gottes Willen" zu schicken. Zu solchem schicksalsverhängten Zeiterleben hätte Bach biographisch alle Berechtigung gehabt: Den Bachs sind sieben von ihren dreizehn Kindern vor der Zeit gestorben. Bach selber war mit zehn Jahren Vollwaise, und er verlor seine erste Ehefrau auf tragische Weise. Als er vier Wochen von zu Hause abwesend war, hatte er sie in gesundem Zustand zurückgelassen, und bei seiner Rückkehr war sie tot und begraben. Und es wäre ein Irrtum anzunehmen, dass Menschen der Barockzeit der Verlust naher Menschen nichts bedeutet hätte. Sie haben gelitten, vielleicht anders als wir, aber sie haben gelitten.

Doch Bach hat mit dieser Kantate und ihrer Zeitumwidmung von Zeit in „Gottes allerbeste Zeit" seiner Trauer Gestalt und Form gegeben. Weil eben das in dieser Kantate geschieht, höre ich sie als eine Kantate, die uns ebenso Anerkennung der Endlichkeit wie Entlastung von ihr ermöglicht.

Anerkennung der Endlichkeit und Entlastung vom Zeitdruck – das ist für heutiges Hören wichtig – verstanden nicht als Unterwerfung. Dass Entlastung nicht einfach als Unterwerfung vor sich geht, bezeugt gerade jene Bass-Arie in der Kantate: „Bestelle Dein Haus, denn du musst sterben". Sie klingt beim ersten Hören wie ein unerbittlicher Befehl. Hintergrund aber ist, dass der Bass hier die Stimme des Propheten Jesaja verkörpert, der sein Wort an den kranken König Hiskia richtet. Die Reaktion des Königs ist die Umkehrung des Psalm-Verses im Tenor-Solo: Nicht er, der todkranke König, soll bedenken, dass er sterben muss, sondern „Gott" soll gedenken, dass Hiskia gottesfürchtig gelebt hat. „Gott" lässt sich dort von Hiskias Tränen umstimmen und gewährt ihm eine Verlängerung des Lebens um fünfzehn Jahre. Klar gesagt: Das „Sterben zur rechten Zeit" ist bei Jesaja nicht nur Gottes Willen anheimgestellt, sondern das Resultat einer Vereinbarung zwischen Mensch und Gott. Bachs Musik klingt hier fast wie ein Walzer, was schon immer Rätsel aufgegeben hat.

Nun wissen wir – und Bach hat es auch gewusst –, es geht hier gerade um Lebensverlängerung, um Entlastung vom sofortigen Sterbenmüssen.

Anerkennung der Endlichkeit also und Entlastung von ihrem Druck, ja, aber nicht einfach schicksalshaft. Da wird fröhlich verhandelt. Da wird die menschliche Seite nicht einfach überfahren. Dies Entlastungsverfahren menschlicher Endlichkeit bedeutet Menschlichkeit, weil sie jedem einzelnen Menschen Lebensraum gibt.

Dass freilich die vielfältigen Erfahrungen von Endlichkeit und Begrenztheit verunsichern, ist klar. Obwohl uns die Endlichkeit buchstäblich auf den Leib geschrieben ist, haben wir Angst vor ihr. Das macht sich vor allem in den Weisen geltend, wie wir uns in unserem Dasein – nicht zuletzt auch anderen gegenüber – selbst zu erhalten suchen. In dieser Konkurrenzsituation sind zwangsläufig Keime einer Eskalationslogik präsent, die politisch, ökonomisch und ökologisch ins Desaster von Gewaltszenarien führen können. In diesen Szenarien der Endlichkeit wird Sterben in unserer Zeit „mehr und mehr als ein Skandal" empfunden, „den es abzustellen gilt". Das Motto unserer Zeit: „Endlichkeit – weg damit". Darum hat zuweilen die Beschleunigung der Lebensrhythmen eine Art Suchtkultur. Durch Geschwindigkeit wollen wir unsere Endlichkeit überspringen. Grund für die unausweichliche Konkurrenzsituation, in der Menschen zueinander stehen. Und das trägt ein Gewaltpotenzial in sich, das ab und an zur Eskalation führen kann. Bachs Kantate hingegen begibt sich auf ein Feld, wie Selbsterhaltung (verstanden als Erhaltung und Anerkennung durch Gott) unter den Bedingungen der Entlastung positiv gelingen kann: Die vom Druck der vergehenden und beschleunigten Entlastung unserer Lebenszeit gewinnt eine Würde, die von der Angst befreit, nicht alles „bestellen", schaffen oder vollenden zu können. So ist für den Komponisten, der so viel Tod in seiner jungen Biographie hat erfahren müssen, auf die Frage „Wie kann Leben angesichts der Herrschaft von Zeit (Chronokratie) gelingen?" diese musikalische Antwort möglich geworden, in – etwas pathetisch gesagt – der Verlockung zu einer Kultur der Entlastung vom Zeitdruck. „Komm", singt der Sopran, ganz allein und ohne Orchesterbegleitung: Komm! Und der Alt sekundiert mit Jesu letztem entlastenden und hingebenden Wort nach dem Lukasevangelium: „In deine Hände befehle ich meinen Geist" (Lukasevangelium 32,46).

Kapitel 6 Takt als Entlastung von Peinlichkeit
und Beschämung

War Jesus taktvoll? Solch Fragen war unseren theologischen Urgroßvätern ein Graus. Takt und Theologie
gingen in ihren Augen nicht zusammen. Im Gegenteil,
taktvolle theologische Haltungen galten als seicht, un-
entschlossen und zu liberal. Schließlich habe Jesus sich
schroff gegen die theologischen Größen seiner Zeit, die
„Pharisäer", gestellt und nicht goutiert, dass etwa hinter
ihrem Bemühen und ihrer gesetzestreuen Schriftausle-
gung religiöser Ernst und Gutes stünde. Denn Religion
sei „kein Spiel und keine Sache des Genusses, „sondern
bitterer Ernst". Sie führe „durch Ängste und Todesnöte",
so der Theologe Karl Holl um die vorige Jahrhundert-
wende in einem Aufsatz.

Kein Wunder, dass dann später, nach dem Ersten
Weltkrieg eher die den Takt verachtenden Stimmen
politisch auf breiter Front Aufwind bekommen haben.

Einsamer und feinfühliger Kritiker war damals der jüdische Soziologe Helmuth Plessner. Er kritisierte jenen schwärmerischen von der Jugendbewegung übernommenen Begriff von verschworener Gemeinschaft, der damals ausgespielt wurde gegen eine angeblich anonyme „Gesellschaft"! Man wollte sozusagen verbindlich über die zweckmäßige, auf Zeit gestellte Zusammenkunft der Gesellschaft hinaussehen. „Gemeinschaft" sollte in ihren Grundfesten auf einer quasi-metaphysischen oder zumindest fest moralischen Übereinkunft beruhen.

Geboren aus dem Geist des Kulturpessimismus, Antiliberalismus und der Demokratiefeindlichkeit hatte denn auch diese Gemeinschaftsschwärmerei dem Nationalsozialismus nur wenig entgegenzusetzen vermocht. Ferdinand Tönnies selbst bemerkte bereits 1934 in einem Brief an seinen Sohn selbstkritisch: „Einige sagen, es sei der Erfolg meiner Theorie von Gemeinschaft und Gesellschaft, der in der NS-Ideologie vorliege, und es ist dafür einiger Grund vorhanden", wie es ja auch später in der „Volksgemeinschaft" deutlich geworden ist.

Dem gegenüber setzte Plessner über ein ausbalanciertes Verhältnis von Distanz und Nähe auf Diplomatie und Takt. „Takt" klingt zunächst nach Anstand, korrektem Benehmen oder unbedingter Diskretion. Takt üben „Ritter in der Rüstung samt Ehrenkodex". Takt klingt nach ausbalancierter Mitte, nach Vermeiden von zwischenmenschlichen Kollisionen, nach erzwungener Harmonie, kurz: seichtem Drumherum, einer Schummelei anstatt Tacheles. Dabei verweist das Wortfeld „Takt", „Kontaktieren", „das Taktile", selbst „Taktieren" auf einen Takt, der als soziale Geste das Miteinander regelt; mit einem Sinn für das Feine und Umsichtige, aber auch für die angemessene Ordnung und den passgenauen Moment. Der Begriff hat zwei konträr stehende Herkünfte: Die eine verweist auf seinen tätigen Gefühls- und Tastsinn, auf Berührung und Kontakt, die andere folgt den Künsten des Krieges und der Musik. Dort ist er ein ordnendes Prinzip, etwa im Krieg für das klug berechnete Aufstellen und Vorgehen der miteinander Streitenden. In der Musik sorgt er für das geordnete Zusammenspiel, orientiert an systemstabilisierenden Ordnungsprinzipien wie Harmonie oder Rhythmus, zunächst geleitet und kontrolliert vom einzelnen Musiker, später vom taktierenden Dirigenten.

Während sich das Feld des Kampfes für den Takt zugunsten der naheliegenden „Taktik" deutlich schließt und als negatives „Taktieren" Einfluss auf das soziale Terrain nimmt, bleibt das Feld der Musik für den Umgangstakt offen, was sich an solchen begrifflichen Wendungen ablesen lässt wie „keinen Takt im Leibe haben" oder den „richtigen Ton" finden. Plessner nun macht „Takt" als Fingerspitzen- und Feingefühl stark. Er ist dann das in einer bestimmten Situation mit einem bestimmten

Menschen Gebotene. Mit Plessner: „Takt ist das Vermögen der Wahrnehmung unwägbarer Verschiedenheiten, die Fähigkeit, jene unübersetzbare Sprache der Erscheinungen zu begreifen … Takt ist die Bereitschaft, auf diese feinsten Vibrationen der Umwelt anzusprechen, die willige Geöffnetheit, andere zu sehen und sich selber dabei aus dem Blickfeld auszuschalten, andere nach ihrem Maßstab

und nicht dem eigenen zu messen. Takt ist der ewige Respekt vor der anderen Seele und damit die erste und letzte Tugend des Herzens."

Takt wäre denn auch Sinn für Atmosphären und Stimmungen. Für Takt ist Leibhaftigkeit und Präsenz wichtig. Mit Taktgefühl lassen sich innerhalb einer Gesellschaft jene öffentlichen Räume erhalten und aufbauen, in denen sich Fremde als Fremde begegnen können. Maxime: Den anderen Menschen als den behandeln, der er sein möchte, sozusagen die beabsichtigte Selbstdarstellung im eigenen Handeln auffangen und reflektieren – Takt aber ist keine Samtpfötchen-Strategie für gebildete Verzagte, die einander unbedingtes Wohlbefinden, ein Normalisieren von unbequem erscheinenden Umgangsangelegenheiten verschrieben haben. Takt ist eine Kommunikationsform, die das Verhältnis von Nähe und Distanz zwischen Menschen regelt. Er wird immer dann besonders relevant, wenn Grenzen innerhalb der Kommunikation brüchig werden. Takt ist dann eine Form von Entlastung und Schonung, das Gegenüber in seiner Integrität, aber auch seiner Verletzlichkeit wahrzunehmen und ihm gewissermaßen ein Rollenspiel zuzugestehen.

Dabei ist das, was als taktvoll erscheint, sehr abhängig von der konkret gelebten und widerfahrenen Lebenssituation: Mal ist Höflichkeit, etwa unter Fremden, taktvoll, in einem anderen Kontext, etwa in Freundschaften, ist überzogene Höflichkeit geradezu taktlos, ja peinlich. 59

Sozial jedoch dient Takt der Entlastung unter Menschen, die man nicht kennt. Elias Canetti umschreibt die Ursache dieser Verhaltensweise später in „Masse und Macht" mit der archaischen Angst des Einzelnen vor der Berührung durch andere Menschen. Hier ist das oberste Gebot, an fremden Orten nicht so zu tun, als sei man zu Hause und damit die anderen zu belästigen. Takt nimmt Rücksicht, man tritt dem anderen nicht zu nahe, ist feinfühlig, um Verletzungen des anderen zu vermeiden. Der taktvolle Umgang misst den anderen nicht an einem selbst. Seine Zartheit zeigt Respekt vor der anderen Seele, indem sie diese nie zu nah, aber auch nie zu fern kommen lässt.

In belastenden und besonderen Situationen, zum Beispiel in der Trauer, wäre Takt zunächst einmal, nicht mit Bestimmtheit zu wissen, was dem oder der Trauernden im Verlauf seines bzw. ihres Handelns geschehen wird. Man nennt dies einen entlastenden Abschied vom

Bescheidwissen! Man gibt erst einmal Ruhe, delegiert vielleicht an eine transzendente „Instanz" (mit einem Gebet zum Beispiel) oder aber – eher schlichter – man schreibt an die Betroffenen einfach einen handgeschriebenen Brief statt schneller E-Mail.

Als Mitte zwischen Aktivität und Passivität achten Taktsituationen und -beziehungen darauf, etwas mit sich geschehen zu lassen. Solch unbeabsichtigtes Geschehen-Lassen muss nicht nur mit Schrecken, es kann auch mit Neugier erfüllen. Dann verhält es sich damit wie mit einem verborgen mitlaufenden Wunsch, im Verlauf des Umgangs mit sich, anderen und anderem möge etwas Unerwartetes passieren, sich Erstaunliches von hier nach da bewegen. Dieses Wünschen wiederum lässt dem Leiden Raum für Macht und Ohnmacht, Lust und Schmerz, Süßes und Bitteres. Es lässt Raum für das „Wunder", um es ungeschützt zu sagen.

Vor allem ist mein Taktgefühl dann gefragt und geprüft, wenn die eigene Norm oder Weltsicht verletzt ist. Adorno hat das besonders vermerkt: Takt, sagt er, verlange „die eigentlich unmögliche Versöhnung zwischen dem unbestätigten Anspruch der Konvention und dem ungebärdigen des Individuums … Takt besteht in wissenden Abweichungen". Voraussetzung für solch wissende Abweichung sei aber, dass die zwar brüchige, aber immer noch gegenwärtige Konvention bekannt ist.

Kluge Beobachter von heute (zum Beispiel der Philosoph Odo Marquart) sagen: Takt ist Entlastung und Kompensation für die mit der modernen Welt einhergehenden Verlust- und Wandlungserfahrungen von Konventionen und Werten, von moralischen Haltungen und sozialen Anstandsformen. Das bedeutet, dass Takt als moderne Antwort-Haltung auf Tendenzen des Individualismus, der Globalisierung, der Erosion sozialer und kultureller Systeme und der Beschleunigung moderner Gesellschaften zu verstehen ist.

Sich auf Takt zu besinnen, das spüren wir, bedeutet das Eingeständnis einer (potenziellen) Krisen-, Schädigungs- und Verletzungssituation. Man verzichtet darauf – jedenfalls auf Zeit –, die eigenen Ansprüche durchsetzen zu wollen.

Was wäre „Takt" in theologischer Perspektive?

Zunächst fällt sofort die „goldene Regel" ein: Tue anderen nicht an, was du nicht willst, dass es dir selbst geschieht. Dass solche Selbstverständlichkeit im Lauf der Geschichte dann in einen „kategorischen Imperativ" fordernd um- und universal vorgeschrieben wurde, mag als aufgeklärte Errungenschaft feiern, wer diese moralische Überforderung nicht überall dort scheitern sieht, wo sie als eurozentrischer Export erlebt wird.

Einen weiterführenden, aber eher verborgenen Hinweis auf entlastenden „Takt" finden wir in den Gleichniserzählungen (Parabeln, Metaphern) der Evangelien. Gleichnisse, oder „Parabeln", wie man heute verallgemeinernd sagt, bilden nicht einfach nur eine Stilform oder einen erzählerischen Umweg für eine Moralbotschaft! Ganz anders: Sie weichen geradezu taktvoll ab von Konvention und Norm. Sie wirken, indem sie einen sinnwidrigen Widerspruch verwandeln in einen sinnvollen. „Das Himmelreich ist gleich einem Weinbergbesitzer …" Parabeln und Gleichnisse vermindern so einen Zusammenprall zwischen zwei unvereinbaren Sphären. Sie stören gewissermaßen taktvoll das Gewohnte. Denn man fragt sich ja sofort: Wieso ist das „Himmelreich" gleich einem Weinbergbesitzer, der seine Angestellten auch noch ungleich bezahlt?

Gleichnisse also möchten eine „Bekanntschaft" aufscheinen lassen dort, wo beim ersten Lesen oder Hören eher Dissens als gegenseitige Übereinkunft festzustellen vermöchte. Gleichnisse tragen also zur Unendlichkeit des Lebens und zur Unendlichkeit seiner Deutung bei. Und in ihrer Spannung zwischen der Erzählung als Form und der Metapher als Prozess wirken sie erzählerisch inkonsequent. Sie sprengen jedes vertraute Erzählmuster und überschreiten einfach elegant die Schwelle von innerem Sinn zur äußeren Beziehung. Sie verblüffen.

Takt in theologischer Perspektive wäre dann immer auch eine kaum merkbare entspannende und nicht moralisierende Überschreitung (Verschiebung) von innerem Sinn hin zur äußeren, anderen, fremden, neuen Beziehung. Traditionell nannte man das einmal „Metanoia" (Umkehr). So gesehen wäre Takt Ermöglichung von Umkehr. Und diese Form von entspannendem Takt hat Folgen für den Umgang mit Fremden, mit Anderen, mit nicht Bekanntem, sogar mit sich selbst. Takt gebiert nämlich so etwas wie zuvorkommende Höflichkeit, die einen selbst, den Gast, den Fremden, Unbekannten sehr entspannt, weil es erst einmal freihält von Wertung und Kommentar.

Und wie man das Gleichnis einfach vereinnahmen kann oder in seine eigene Kirche zerren und eigenen Interessen gefügig machen kann, ohne es zu verderben oder zu verfälschen, und genauso wie man einen geliebten Menschen nicht überfallen und ihm dann die Liebe erklären kann, ohne ihm Gewalt anzutun, so kann analog dazu solch entlastender Takt nicht sofort instrumentell-missionarisch vereinnahmen, bevor ihm gestattet ist, seine Wirkung in Freiheit zu entfalten, ohne seine Freiheit bereits zerstört zu haben. „Herzenstakt" könnte man das nennen.

Dieser „Herzenstakt" lässt sich kaum in verallgemeinernde Regeln fassen. Er geschieht auch jenseits von „Werten" oder vorgeschriebenem Verhalten. Er geht sogar – ich sage das ungern – bis hin zur Unaufrichtigkeit, dann nämlich, wenn ich aus Takt eine Wahrheit vermeide, die nur schmerzen, aber nicht heilen oder lindern kann: Takt als Schweigen, wo Worte mit der Wahrheit auch die Verzweiflung brächten!

Und wer sich darüber freut, taktvoll behandelt zu werden, kann sicher sein, dass es dem Anderen ähnlich geht: Auch der findet so etwas wie Genugtuung über sein eigenes Verhalten. Anders als der „Anstand", der sich an Sitte und Gewohnheit orientiert, bewahrt der Takt „Eigensinn", der sich Fremderwartungen gegenüber sperrt und sich nur jener Instanz verpflichtet fühlt, die ebenfalls taktvoll agiert, wenn sie mit Parabeln und Gleichnissen und nicht mit Verpflichtung oder Vorschrift daherkommt. Parabeln nämlich weisen mit Hilfe metaphorischer Rede über sich hinaus. Eben wie jede „Kunst nicht das Sichtbare wieder gibt, sondern sichtbar macht" (Paul Klee).

Entlastung von Trost und Tod

Um zur Entlastung von voreiligem Trost und kaum aus-
haltbarer Trauer zu kommen, gehe ich für dieses Kapitel
auf den Friedhof meiner Dorfkirche in der Kindheit. Um
zu ihr, der ersten Kirche in meinem Leben, zu gelangen,
muss man erst einen Garten durchschreiten, den „Kirchhof", wie man hier sagt. Gut geharkte Wege führen durch
die großen und kleinen Steine der Gräber. Bei einem zeigt
sogar die Rückseite des großen Grabsteins eine Schrift. Es
sind die Namen meiner Urgroßeltern, Anfang des vorigen
Jahrhunderts hier begraben.

Und noch ehe ich denken konnte oder gar theologisch
reflektieren, lernte ich im Vorschulalter – sozusagen über
den Friedhof gehend –, meine unvergessliche erste theologische Lektion: Die Welt hat nicht mir angefangen. Es
gab Großeltern und sogar Urgroßeltern, hier namentlich
in Stein geritzt. Meine sparsamen Großeltern hatten den

Stein einfach umgedreht, um dann auch den Namen meines im Krieg vermissten Onkels, ihres Sohnes also, eintragen zu können.

Und nun lese ich ihre Namen, die Namen meiner bäuerlichen Großeltern auf der Vorderseite des Grabsteins.

Meine Großmutter ist vor meinem Großvater gestorben. Daran erinnere ich mich, wenngleich nur dunkel. Denn man ließ den kleinen Jungen nicht zu ihr, weil sie so Schmerzen gehabt habe in ihren letzten Lebenstagen, so die heutige Lesart. Deutlicher taucht vor meinem inneren Auge der Großvater auf: Ein hagerer Marschländer Bauer, der seine goldene Uhr aufspringen ließ, wenn ich darüber pustete; mein Großvater, der mit den vielen Lachfältchen um die Augen. Er ist zu seinen Lebzeiten selten hier an diesem Ort gewesen. „Marschländer", so sagt der Küster heute, „schonen ihre Kirche". Er meint, sie gehen selten hin. Aber sie sind stolz auf ihre feine Dorfkirche, spenden wohl auch, wenn ein neuer Anstrich notwendig ist. Aber um in sie hineinzukommen muss man eben an den Grabsteinen vorbei, muss diesen einen kleinen Weg machen durch den Gräberring rund um die Kirche. Dann erst gelangt man zur Tür, der Tür, die bei Hochzeiten für die Braut reserviert gewesen ist. Also zuerst über den Friedhof, dann erst in die Kirche.

Und noch ehe ich – später als erwachsener Mann und Theologe – begann, darüber nachzudenken, war mir klar:

Die Kirche, die Lebenden, die Orte der Menschen sind von einem unser Leben entlastenden Ring von Toten, von Großeltern, von Ahnen gleichen Namens umgeben.

Deshalb konnte ich mich später nie mit Sigmund Freuds These zum Tod anfreunden. Er redet von Toten – also von meinen Großeltern – als „Objekte". Diesen „Objekten" sollte ich langsam meine Liebe – er sagt Libido – entziehen, wenn sie gestorben sind.

Spätestens seit dem Tod meiner kleinen Tochter weiß ich, was ich als Kind bereits vor meiner heimatlichen Dorfkirche gefühlt habe: Die Toten umgeben mich entlastend, wie der Friedhof die Kirche. Die Toten bleiben intime entlastende Ergänzer für mein Leben.

Ich aber habe sie überlebt, ich bin also gezeichnet durch den Verlust von ihnen, die nicht ersetzbar sind in meinem Leben.

Vielleicht bin ich erst dadurch zu einem – wie man heute sagt – autonomen Individuum geworden, zu einem reiferen Menschen würde ich lieber sagen, weil ich eben gezeichnet bin durch das Verschwinden meiner unersetzlichen Großeltern und meines Kindes! Sie umgeben mich entlastend, wie der Kirchhof meine Dorfkirche. Wir Lebenden als die Zurückbleibenden sind umgeben von einem Ring der Verschwundenen, der Toten, ein „zweiter Ring um die Sphäre der Lebenden", wie ein Philosoph unserer Tage sagt.

Trauer ist also – das hat bereits das Kind als Entlastung gespürt – nichts anderes als eine Art Umzug: Aus der Kirche auf den Friedhof, aus dem Leben in diese Nähe ringsum. Trauer ist, so erfahre ich heute, wenn ich mit meiner Trauer und mit Trauernden zu tun bekomme, Trauer ist der notwendige Kompromiss zwischen dem Kummer über die endgültige Entfernung von den Verstorbenen und dem Wunsch, sie in einer anderen Form von Nähe da zu behalten. Und so ist Trauer für mich immer auch räumliche Entlastung, denn der Friedhof liegt etwas außerhalb bewohnter Gegend. Es gehört zur räumlichen Entlastung für mich hinzu, einen konkreten Ort, ein Grab, einen Stein aufsuchen zu können.

Auf eine weitere vielleicht eher ungewohnte Entlastung möchte ich in diesem Zusammenhang hinweisen: Auf die Entlastung *vom* Trost. Gewohnter ist Entlastung durch Trost, eher – wie ich erlebt habe – hat Trost mit Sehnsucht derer zu tun, die einen gutwillig begleiten wollen. Es ist übriges ein romantisches Lebensgefühl, wie im Eichendorff Gedicht: „Komm, Trost der Welt, du stille Nacht!" Dessen letzte Strophe lautet:

„O Trost der Welt, du stille Nacht!
Der Tag hat mich so müd' gemacht,
Das weite Meer schon dunkelt,
Laß ausruhn mich von Lust und Not,

Bis daß das ew'ge Morgenrot
Den stillen Wald durchfunkelt."

Entlastung als „Ausruhen von Lust und Not" jedoch setzt eignes Leid voraus.

Der Tag, an dem ich dies schreibe, ist der Geburtstag meiner jüngeren Tochter Frauke. Sie ist im Alter von fünfzehn Jahren gestorben, heute wäre sie eine reife Frau von Anfang fünfzig. Aber immer noch ziehen ihre Altersgenossinnen mit ihren Kindern an unserem Haus vorüber. Ja, sie kehren auch zuweilen ein bei uns, sprechen ein paar Worte, zeigen stolz ihre Kinder vor und holen sich gern das kleine Geschenk einer CD ab, auf der meine Frau soeben Einschlaflieder für Kinder gesungen hat; so richtig schön tief zum Mitsingen selbst für sangesungewohnte Mütter.

Meine Tochter ist nicht „würdig" gestorben. Es war ein Unfall im Haus. Mich haben damals aber fast mehr die gut gemeinten Trostversuche verwirrt, anstatt dass man mir meine Untröstlichkeit gelassen hätte, um sie in irgendeine Gestalt zu bringen.

Denn was entlastet einen zurückbleibenden Vater oder eine zurückbleibende Mutter, wenn eines ihrer Kinder sie verlässt?

Es bleibt die periodisch auftretende und in unterschiedlicher Stärke zurückkehrende Sehnsucht nach

Berührung und Stimmklang. Das, was einem Zurückbleibenden bleibt, ist die Sehnsucht: „Da, wo du bist, da
will ich sein." Es ist der schmerzliche Versuch, die Toten
nicht einfach zum Verschwinden zu bringen und unver-
wandelt in den Alltag zurückzukehren. Es ist der Versuch,
an einer – ja, ich sage das so anspruchsvoll – Kultur der
Trauer und an der uns umgebenden Nähe der Toten zu
arbeiten, jetzt fast 37 Jahre lang!

Gibt es „Ergebnisse" zu vermelden? Erfahrungen, die
man weitergibt? Mitteilungen, die andere entlasten könnten?

Ich bin Theologe und habe bei vielen meiner Kolleginnen
nen und Kollegen bemerkt, wie schwer sie sich tun, wenn
sie sich Trauernden nähern, sie, die neben der Beerdigung
auch noch „begleiten" und entlasten sollen, vielleicht sogar über einen langen, einen Lebenszeitraum. Denn genau das erwarten sie von sich und sie glauben auch, dass
die Trauernden es von ihnen erwarten: Sie sollen trösten.
Das Merkwürdige ist nur: Trösten kann man nicht „wollen" und schon gar nicht „sollen". Es ist nicht „intentio-
nal", wie die Philosophen sagen würden: Will man es,
dann kommt das heraus, was man „Lügen der Tröster"
genannt hat. Ich würde lieber von deren Unsicherheit,
ihrer Furcht oder Angst sprechen.

Diese besonders bei diesem Beruf anzutreffende Haltung möchte ich näher erläutern, da ich in meiner Arbeit

am Institut für Trauerarbeit (ITA e.V., Hamburg) häufig auf Trauernde treffe, die sich eben nicht „entlastet"
fühlen, sondern tief enttäuscht, ja sogar verletzt! Gerade
von Theologen und Theologinnen, von Pfarrerinnen und
Pfarrern, von Priestern auch. Das ist auffällig. Denn na-
türlich wollen die Seelsorger die Trauernden nicht verletzen, sondern sie wollen tröstend entlasten.

Woran also könnte es liegen, dass genau diese Berufs-,
ja Berufungsgruppe signifikant versagt. Meine Vermu-
tung: Sie bemühen sich mehr darum, „Gott" zu entlasten,
als diejenigen, die selber Trauernde sind!

Wie ich das meine? Dazu muss ich ein wenig ausho-
len.

Wenn ein Kind stirbt, dann stirbt man als Elternteil
selber mit, sozusagen. „Wer über gewisse Dinge den Verstand nicht verliert, der hat keinen zu verlieren", hat Lessing in dieser Situation gesagt; Lessing, der diese Erfahrung vom Tod seines Kindes und seiner Ehefrau, wie er
schreibt, „nun auch gemacht hat". Ihm drohte, der Verstand verloren zu gehen. Jedenfalls konnte er nicht einfach aufklärungsoptimistisch weitermachen, unerschüt-
tert, zuversichtlich. Sein Aufklärungselan hatte einen
Trauerschleier bekommen und eben das hat ihn enthalt-
sam gemacht gegenüber vertröstendem Sinn.

Trauernde verlieren nicht nur den Verstand, wie Lessing, sondern sie klagen an, wenn man ihnen das erlaubt.

Gerade Gott klagen sie an, weil sie empfinden – und wer will ihnen das ausreden? –, er habe den Tod nicht verhindert. Und eben diese Anklagen, diese zum Teil heftigen Beschimpfungen halten viele Theologen nicht aus. Sie bekommen, um es einmal platt zu sagen, „Angst um Gott". Es könnte Gott eine Instanz sein, die so etwas Furchtbares anrichtet oder zumindest nicht verhindert. In ihrer Angst um Gott greifen seine Dienerinnen und Diener dann häufig zum nahe liegenden „Mittel": Sie verteidigen ihn gegen die Trauernden. Und eben diese Entlastung „Gottes", geboren aus der Angst um ihn, wirkt auf Trauernde verletzend. „Da rettet einer seinen Gott", hat ein Mann in einer unserer Gruppen empört gesagt. Das Entlastende im Glauben ist eben nicht eine Rettungsaktion zugunsten Gottes, wie gut auch immer sie gemeint sein mag. Das Entlastende im Vertrauen in dieser Situation wäre – um es paradox zu sagen – eine anhaltende Beunruhigung und Befremdung über dies unfassbare Geschehen und eben nicht der Trost beruhigender Lebensgewissheit.

Und eben diese Enthaltsamkeit gegenüber vertröstendem Sinn kann in äußerste Ausgesetztheit auf dieser Welt führen, ohne Gotteszuversicht und vorschneller Entlastung „Gottes".

Das könnte man lernen von Hiob und eben nicht von seinen Freunden, die es mit diesem Gott erklärenden und ihn entlastenden Trost versuchen. Immerhin sollte man gerechterweise dazu bemerken, dass Hiobs Freunde vorher lange geschwiegen hatten.

Die Gefährdung jener, die sich entlastend der Trauer aussetzen, besteht darin, dass sie meinen, man könne diese Ausgesetztheit und diese Gottverlassenheit nicht aushalten oder ertragen. Man müsse stattdessen reden, deuten, helfen, heilen, selber entlasten. Das kann gut gehen. Aber es droht bei *diesen* Entlastungsversuchen etwas umzukippen: Nicht mehr Trauer und berechtigte Verzweiflung des Anderen stehen dann im Vordergrund, sondern das, was die man selber zu bieten hat; eine subtile Form von Rückzug, Rückzug auf das eigene Können und Vermögen, Rückzug auf eigene Bewältigungsstrategien, Rückzug auf den „eigenen Gott". Wir entziehen uns und bleiben bei uns, anstatt uns auszusetzen und befremden zu lassen.

Emmanuel Levinas, der seine Verwandten in der Shoa verloren hat, antwortete auf die Frage: „Welchen Trost hat ihre Religion zu bieten?" mit einer Bemerkung, die zu denken geben muss: „Vielleicht", sagte er, „ist nur eine Menschheit dieses Trostes würdig, die sich seiner auch enthalten kann".

Bleibt es deswegen bei einem deutungslosen schal gewordenen Danach, wenn die geliebte Tochter gestorben ist? Dagegen hat seinerseits entlastend Elias Canetti einst beredten Widerspruch angemeldet. Scharf und ungemein selbstkritisch heißt es in „Das Buch gegen den Tod":

„Wenn ich von heiligen Dingen lese, fasst mich ihre Erinnerung, bloß weil sie heilig waren, und solange sie in mir atmet, bin ich ruhig. O die Ruhe, die sie gehabt haben müssen, als sie unangezweifelt waren, ganz, goldene Äpfel, stark duftend und rund. Ich suche nach allen Heiligkeiten, und sie brechen mir das Herz, weil sie vergangen sind. Ich finde nichts mehr für später, ich habe den Tod nackt genannt, wehe dem, der ihn nackt gerufen hat. Die Heiligkeiten waren seine Gewänder; solange er bekleidet war, konnten selbst die Menschen, diese ewigen Mörder, ruhig leben, und nichts wäre ihnen geschehen, wenn sie ihm die Gewänder nicht heruntergerissen hätten, diese Plünderer, diese Räuber, hatten sie denn nicht am Morden genug. Ich selbst war einer der ärgsten. Kühn wollte ich sein, also sagte ich: ‚Tod, Tod, und ja nichts weiter.‘ Was ist die Kühnheit, und wie viel mehr war die Vorsicht. Aber wir sind mächtig geworden, so haben wir ihn hergeschleppt, aus allen Schlupfwinkeln haben wir den Tod hergeholt, es gibt keinen, den wir jetzt nicht kennen. Wir verachten die Hölle, aber war sie nicht wenigstens nach dem Tod. Welcher Schmerz wäre nicht besser als nichts. Kühnheit, o dumme Kühnheit, so sind wir in die Scheren deiner Eitelkeit gefallen, nichts, nichts ist unzerschnitten geblieben, und es weiß kein Sterbender mehr, wohin es geht.“

Hier spricht ein ganz und gar Reumütiger, der sich bitter darüber beklagt, dass er und wir den Tod gleichsam getötet, gemordet haben. Unter dem Schlachtruf „bloß nicht weiter als das Leben" und mit dem Banner rücksichtslosester Aufklärung in unseren siegesgewissen Händen haben wir, trunken vor Kühnheit und alle Bedachtsamkeit vergessend, den Tod einer schonungslosen Analyse unterworfen. „Nichts ist unzerschnitten geblieben", seufzt Canetti.

„Die Fragen, die der Tod aufgibt, sind nur äußerlich Fragen des Endes; ihrer wahren Natur nach sind sie Fragen von allem Anfang an, die dem Leben des Menschen inhärieren und deren Unlösbarkeit seine Trostbedürftigkeit konstitutiv macht", bemerkt dazu der Philosoph Hans Blumenberg.

Aber was ist überhaupt Trost und – etwas unterkühlt ausgedrückt – wie funktioniert er?

Blumenberg bezieht sich in seinem Buch „Beschreibung des Menschen" und dort in dem schönen Kapitel mit der Überschrift „Trostbedürfnis und Untröstlichkeit des Menschen" auf eine Stelle aus dem Tagebuch Georg Simmels, wo dieser über den Trost reflektiert.

„Der Mensch ist ein trostsuchendes Wesen. Trost ist etwas anderes als Hilfe – sie sucht auch das Tier; aber der Trost ist das merkwürdige Erlebnis, das zwar das Leiden bestehen lässt, aber sozusagen das Leiden am Leiden aufhebt, er betrifft nicht das Übel selbst, sondern dessen Reflex in der tiefsten Instanz der Seele."

Diese Sätze sind äußerst genau. Der Trost ist in der Tat keine Hilfe. Er behebt nicht ein Problem. Er lässt das Leiden nicht verschwinden. Hilfsbedürftig bleibt der Mensch sowohl in als auch nach der Tröstung. Wenn Hilfe gelingt, ist ein Mangel behoben worden, ein Problem wurde gelöst. Diese Wirkung lässt sich im Trost aber nicht erzielen. Dann aber stellt sich die Frage, weshalb

wir den Trost aufsuchen, nach einer Tröstung so hartnäckig verlangen und auf sie hoffen. Wenn es da nichts zu lösen gibt, warum sollten wir den Trost dann nicht als Betrug auffassen?

Jedenfalls ist die Zeit der Tröstung nur auf Zeit die Entlastung vom Leiden am Leid. Und dann kann sie auch gelingen, weil sie – paradoxerweise – nicht gelingen muss. Das hängt vielleicht damit zusammen, dass die Tröstung in einer anderen Zeit stattfindet (siehe Kapitel 5 über Bachs Kantate).

Die Toten waren schon immer anderswo. Wie gesagt – vielleicht gehört es zum traurigen Privileg unserer Kultur, sie nirgends mehr zu vermuten. Das Anderswo der Toten befand sich immer außerhalb der „verräumlichten Zeit", obwohl sie, rein räumlich und also nicht zeitlich betrachtet, oftmals ganz in der Nähe weilten – in ihren Höhlen und Grabstätten, auf dem Dorffriedhof, unter- und oberirdisch, im Haus der Hinterbliebenen oder außerhalb. Aber sie waren in eine andere Zeit eingekehrt. Dort wussten sie von uns. Die Schriftstellerin Sibylle Lewitscharoff hat ein schönes Bild für diese Form von Entlastung gefunden, das Bild vom „Großen Totenohr", das immer dann entlastend wirken kann, wenn man die Toten anruft, in Not zum Beispiel.

„Wie fein die Toten hören! Zu einem Riesenohr vereinigt, segeln ihre Ohren am Himmel und überspannen ihn zu weiten Teilen. Was sich von Zungen löst, was sich in Hirnen formt, erzählte Worte, geträumte Worte, Worte ohne Klang, sie alle werden vom Großen Totenohr erlauscht."

Kapitel 8

Vergeben:
Entlastung von der Vergangenheit

Dies Kapitel schreibe ich in meinem 79. Lebensjahr. Es ist
für mich nicht zu beginnen ohne einen kritischen Rück-
blick auf eigene moralistische Haltungen gegenüber den
Eltern und jener Generation, die in Nationalsozialismus
und Krieg ihre, wie man so sagt, besten Jahre hatten. Als
„Seelsorger" später dann für diese Generation habe ich erst
bewusst wahrgenommen, dass sie als Verlierer und Verlie-
rerinnen der Geschichte und als so oder so Mitschuldige
und Mithaftende an einem verbrecherischen Regime ihre
eigenen abgründigen Leiderfahrungen lange nicht haben
artikulieren dürfen. Sie mussten sie tief in sich vergraben
und manche Frauen weinten über die ihnen widerfahrene
Gruppenvergewaltigung erst auf dem Totenbett.

Ich gehörte anfangs jedenfalls zu jenen, die aus Mitleid
oder Identifikation mit den (als Jugendlicher erschrocken
wahrgenommenen) Opfern des Holocaust gegenüber den

Eltern eine Haltung von Schuld-Anklage eingenommen haben, ganz im Sinne des damals populären Buches der Mitscherlichs von der „Unfähigkeit zu trauern". Das war, wie ich heute beschämt weiß, von mir eine Art stellvertretende, moralisch begründete Abbitte für die „unbußfertigen Väter und Mütter". Es war, um es klar zu sagen, die angemaßte Rolle des gnadenlosen Richters über die Geschichte. Dabei hatte ich oft selber gesprochen über Verse wie „Herr, wie oft muss ich meinem Bruder vergeben, wenn er sich gegen mich versündigt? Siebenmal? ... Nicht siebenmal, sondern siebenundsiebzigmal." (Matthäusevangelium Kapitel 18,21). Oder wie oft hatte ich gebetet: „Vergib uns unsere Schuld, wie wir vergeben unseren Schuldigern." Ich hatte das wenig auf mich selbst und meine eigene Haltung bezogen.

Aber nun einfach, wie in Kindheitstagen, zu sagen „Ich entschuldige mich", führt nicht aus dem Dilemma, denn erstens leben die Eltern nicht mehr, und außerdem versuche ich mich mit diesem Satz der Schuld, die ich auf mich geladen habe, selber zu entledigen. Entschuldigung aber kann ich mir nicht selbst zusprechen. Entschuldigen lässt sich nur, was „ohne Schuld" geschah oder dadurch wird, dass die Schuld beglichen wird, aber das kann nicht in allem gelingen, denn schon richtender Vorwurf, Schmerz und erst recht die Tötung sind nicht umkehrbar.

Gleichwohl gilt mir immer noch die wundersame Tatsache, dass „Vergeben" etwas Unmögliches kann: Die Vergangenheit verändern, die wir doch gemeinhin als unwandelbar abgelaufen betrachten.

Es gehört zu den schönsten Einsichten des französischen Philosophen Emmanuel Levinas, wenn er Vergebung auf ihre Wirkung nach rückwärts beschreibt: „Vom Standpunkt der gewöhnlichen Zeit aus", schreibt er, „stellt die Vergebung eine Umkehr der natürlichen Ordnung der Dinge dar, die Umkehrbarkeit der Zeit. Vergebung aber wiederholt in gewisser Weise das Ereignis, indem sie es reinigt".

Das ist nicht misszuverstehen als großes Reinemachen. Gar nicht als „Machen". Aber eine kleine Theologie der Entlastung wird in diesem Fall auf jene Kraft achten, die einen entlastet von Schuld und schambesetzter Vergangenheit.

Man berührt vielleicht mit einer solchen Entlastungsfrage Unbegreifliches. Denn das Böse, die Kraft und die Vergebung, diese Dreiheit verlangt zuerst nach Kritik, zumal dann, wenn Versöhnung zu einem Dauerappell der Politik oder – im Kriegsfall – gar nicht mehr erwogen werden kann (Ukraine), ohne sofort als Feind ausgemacht zu werden.

Aber man muss schon fragen: Ist in einem solchen angespannten Fall „Vergebung" nicht gar überhaupt unmoralisch? Das jedenfalls hatte in unserem Nachbarland Frankreich der französische Philosoph und Musiker Vladimir Jankélévitch, tief verletzt, festgestellt (angesichts der Amnestiedebatte für Kriegsverbrecher in Frankreich): Opfer und Täter könnten einander zwar vergeben, aber das gehe nicht, weil die Opfer tot sind und auch die Täter. Wer könnte wem vergeben? Das Händeschütteln der Enkel über den Gräbern sei nicht wirksam, weil es die Opfer nicht mehr erreiche. Die Agonie der Opfer dauere bis ans Ende der Tage. Verzeihen also habe keine Adressaten und es gebe keine Institution, die damit umgehen könne. Vergebung sei in den Lagern gestorben. Es bleibe nur das Ressentiment, der bleibende Groll.

So ist denn auch in der Geschichte der Kirchen die Hoffnung auf die schließliche Rettung aller immer wieder beargwöhnt worden. Die scharfen biblischen Gerichtsworte, wie sie sich neutestamentlich finden, haben hierzu wesentlich beigetragen. Sie halten die Fragen wach: Sollen Täter das letzte Wort haben?

Gibt es keine ausgleichende Gerechtigkeit? Wäre ein Gott überhaupt menschlich zu verantworten, der am Ende alle gleich liebt?

Beim erwähnten jüdischen Philosophen Emmanuel Levinas finden sich folgende Sätze: „Niemand, nicht einmal Gott, kann sich an die Stelle des Opfers setzen. Die Welt, in der die Vergebung allmächtig ist, wird unmenschlich." Levinas wusste, wovon er sprach. In seinem ganzen Denken und Schreiben hatte er die Millionen ermordeter Juden, seine eigene Familie, vor Augen, also die Geschichte, die für unzählige Menschen Schrecken und Mord brachte.

Wer die Geschichte ernst nimmt, wird dieses Bedenken nicht einfach an den Rand drücken. Und das darf eine Entlastungstheologie keineswegs übergehen. Denn für die abrahamitischen Religionen ist undenkbar, den Glauben an Gott ohne seinen Bezug auf die (gerade auch schreckliche) Geschichte zu fassen. Die Geschichte in ihren ungezählten zwischenmenschlichen Alltagsdimensionen, aber eben auch in ihren gesellschaftlichen und völkerergreifenden Aspekten ist für diese Religionen nicht belanglos. Ganz im Gegenteil: Die konkrete Welt und ihre Geschichte werden hier wahrgenommen als die Wirklichkeit, in der Menschen ihre Bestimmung zum Menschsein verwirklichen oder eben auch verfehlen.

Der christliche Glaube, der sogar annimmt, dass Gott selbst im Fleisch des Menschen Jesu da war, treibt diesen Geschichtsbezug auf die Spitze.

Wer dann noch von Rettung und Vergebung aller für alle träumt, muss sich darüber im Klaren bleiben, was er da träumt. Die Menschen mit ihrer konkret gelebten Geschichte sind es, die in diesem Traum erscheinen. Wenn die christlichen Kirchen von den Zeiten der Alten Kirche an zur Vorsicht mahnten, die Vorstellung von einer Rettung aller auch immer wieder schroff verurteilt wurde, so hat dies einen genau benennbaren Grund. Die Würde der Freiheit war ihnen zu ernst, als dass es irgendeinen Automatismus geben dürfte. Wenn Rettung und Entlastung, dann nicht über den freien Menschen hinweg. Das gelebte Leben soll absolut ernst genommen werden!

84 Aber ist das alles? Gibt es gleichwohl Vergebung? Rückwirkend gegen die Zeitachse?

Gut in Erinnerung bleibt Eva Mozes Kor, deren Familie in Auschwitz ermordet wurde. Eva Mozes Kor überlebte, weil sie für Versuche von Josef Mengele gebraucht wurde. Sie besuchte 2003 Deutschland und traf bei einem Empfang auf einen SS-Arzt. Der kam auf sie zu und bat sie um Verzeihung. Es löste sich von ihren Lippen der Satz: „Ich vergebe Ihnen." Im selben Augenblick habe sie eine „Macht" aus der Opferrolle befreit: „Ich habe gemerkt, dass ich die Kontrolle über mein Leben zurückbekam. Ich war nicht mehr das passive Opfer, sondern eine handelnde Person."

In diesem Sinn widersprach in Frankreich der Philosoph Jaques Derrida seinem Landsmann Vladimir Jankélévitch: Wir müssen, so argumentiert er, davon ausgehen, dass es Unverzeihbares gibt. Aber: Das Vergeben verzeiht nur das Unverzeihbare: Es gebe „eine abrahamitische Tradition", die von einer überragenden Vergebung wisse.

Wörtlich: „Man muss von der Tatsache ausgehen, dass es, nun ja, Unverzeihbares gibt. Ist es nicht eigentlich das Einzige, was es zu verzeihen gibt? Das Einzige, was nach Verzeihung ruft? Wenn man nur bereit wäre zu verzeihen, was verzeihbar scheint, was die Kirche ‚lässliche Sünde‘ nennt, dann würde sich die Idee der Vergebung verflüchtigen. Wenn es etwas zu verzeihen gibt, dann wäre es das, was in der religiösen Sprache ‚Todsünde‘ heißt, das Schlimmste, das unverzeihbare Verbrechen oder Unrecht. Daher die Aporie, die man in ihrer trockenen und unerbittlichen, gnadenlosen Formalität folgendermaßen formulieren kann: Das Vergeben verzeiht nur das Unverzeihbare. Man kann oder sollte nur dort vergeben, es gibt nur Vergebung – wenn es sie denn gibt –, wo es Unverzeihbares gibt. Was so viel bedeutet, dass das Vergeben sich als gerade Unmögliches ankündigen muss. Es kann nur möglich werden, wenn es das Un-Mögliche tut … Was wäre das für eine Verzeihung, die nur dem Verzeihbaren verziehe?“

Derridas Zeilen rücken Vergebung ins Unmögliche des nur Erwünschten, nicht Realisierbaren; gleichwohl entsprechen sie – bis in die Formulierungen hinein – dem entlastenden Angebot biblischer Neuwerdung auch des Täters, nicht nur des Opfers. Wenn die Kultur diese (Un-)Möglichkeit unausdenklicher Huld nicht mehr ins Auge fasst, bleibt sie in ihren Untaten und im unwirklichen

Austausch von Entschuldigungen der Nachgeborenen auf immer verfangen. Man braucht eben „mehr als den sozialen Pardon", so Derrida.

Was oder wo wäre dies „Mehr"? Man braucht sozusagen eine unabhängige transzendente entlastende Instanz, wie die Religionsphilosophin Hanna-Barbara Gerl-Falkovitz immer wieder beschwört. Vor solcher „Instanz" wäre es denn auch möglich, die böse Tat und Schuld „zurückzuschicken" *(remissio peccatorum)*, wie es im alten Glaubensbekenntnis auf Latein wörtlich für „Vergebung" heißt.

Zurückschicken wohin?

An dem Punkt, an den das Böse sich verkleidet, aufgebläht hat, an dem das Böse entstanden ist. Zurücksenden in das Nichts. In dieser Sekunde kommt möglicherweise etwas Neues, eine neue Entscheidung zur Wirklichkeit: Ich möchte es nicht getan haben! Das Böse wird durch Reue seine Wirklichkeit nicht verlieren, aber die Folgen des Bösen werden unwirklich. So habe der unmögliche Petrus nach seinem Verrat vom Verratenen keine Anklage bekommen, nur einen Blick, einen annehmenden Blick. Vergebung wäre dann mehr als nur „soziales Pardon", sie wäre existentielle Entlastung; ein wunderbares Geschenk, das Leben ermöglichen kann oder ermöglicht.

„Subsidiotop": Kirchenraum als
Entlastung

Vor aller Problemwahrnehmung tut man im Nachspiel zur Spurensuche nach Entlastung gut daran, über die Schwelle zu treten in diese sich von anderen Gebäuden so signifikant unterscheidenden Kirchengebäude. Also einfach Eintreten, zum Beispiel in diese alten Mauern des 800 Jahre alten Doms in Ratzeburg, in dem ich mich häufig aufhalte. Ganz persönlich erzählt. Eine Schwelle, so hinderlich sie in Zeiten von Barrierefreiheit wahrgenommen wird, markiert immer noch die Grenze zwischen Innen und Außen. Sie bildet die entlastende Grenze zwischen dem Weltlichen und dem Heiligen, zwischen der profanen Welt und dem sakralen Raum.

Es ist angenehm kühl, ruhig. Ich bin „umgeben" von etwas, das nicht meine Generation gebaut hat. Diese Steine haben Generationen vor mir zusammengesetzt. Sie nehmen mich jetzt einfach auf. Und unten drunter soll sich ein altes Fruchtbarkeitsheiligtum befunden haben. Fruchtbarkeitsreligion sozusagen im Keller.

Mit Reiner Kunze:

„Wer da bedrängt ist findet
mauern, ein dach und
muss nicht beten."

Muss nicht, aber kann. Hier jedenfalls kann ich eintreten in den Raum konzentrierter Stille, um ein paar Minuten entlastet zu sein, vom Leben da draußen vor den Kirchenmauern, um mir die Wohltat des Alleinseins zu gönnen. Fragen stellen sich ein wie von ungefähr: Was sind die kleinen Dinge im Leben, die so ungehörig aufgebauscht werden? Was sind die wirklich großen Dinge, für die ich zu wenig Zeit finde? Ich habe Zeit für Nutzloses, schöpferisches Verschwenden von Zeit, Zeit auch fürs Gebet. Und ich überlege, was ich heute schmecken und berühren und riechen und anhören und sehen will. Nicht nur ich habe eine Pause, sondern die Welt draußen und die anderen Menschen haben ihrerseits entlastende Pause von mir. Ich entlaste sie mal kurz von meiner Anwesenheit. Und was draußen „Pause" heißt, nennen sie hier Segen und Gesegnet Werden: „Kommet her zu mir, alle, die ihr mühselig und beladen seid; ich will euch erquicken" (Matthäus 11,28). Was strahlen Raum und

Ort aus auf mich? Es ist die Atmosphäre, etwas, das im Raum ist und was mich hier bestimmt, nicht von mir selber „gemacht". Ich empfinde diese Atmosphäre als sehr handlungsentlastend, weil ich nicht fragen muss, was soll ich tun, was kann ich machen? Was ist für eine Aktion dran?

Der Raum des Doms hier ist für mich also Ort von Entlastung, ein „Subsidiotop", wie ich ihn nennen möchte. „Subsidiotop" bezeichnet die besondere Atmosphäre dieses Kirchenraums besser als das vom französischen Philosophen Michel Foucault gewählte Wort „Heterotop" (Anderort). Heterotop betont nämlich mehr die Differenz zu „normalen" Orten, Subsidiotop, diese lateinisch-griechische Zusammensetzung bezeichnet mehr die entlastende Qualität dieser Atmosphäre.

Es können übrigens auch andere Orte diese entlastende Atmosphäre haben. So predigte Luther einst bei der Einweihung der Schlosskirche in Torgau: „Nicht, dass man daraus eine besondere Kirche mache, als wäre sie besser als andere Häuser, in denen man Gottes Wort predigt. Man kann und soll wohl überall, an allen Orten und zu jeder Stunde beten. Aber das Gebet ist nirgendwo so kräftig und stark, als wenn der ganze Haufen einträchtig miteinander betet." Also doch wieder Raum der Entlastung von Zwietracht, ein Abstand gewährender und vorwegnehmender Ort in gesellschaftlichen Spannungslagen, wo Toleranz oder gar Anerkennung noch nicht gewährt werden können. Aber dieser Raum kann wirklich subsidiotopisch wirken als Weg aus der Polarisierung, die an so vielen Orten das Klima überhitzt, auch in Räten, Vereinen, Kirchen, Universitäten. Ein Ort auch, wo die andrängende Last der sofortigen Problemlösung ruhen kann. Es könnte ein Ort sein der zeitweiligen Entlastung von Über-Ich-Druck und schlechtem Gewissen. Ein Ort auch, an dem für diesen Moment Fragen verstummen wie: Habe ich genug getan? Wo kann ich mehr tun? Ein Ort endlich, an dem ich vor lauter Andrängen täglicher Probleme eben nicht in Abwehr gehen muss, in Verleugnung, Spaltung, Projektion, Omnipotenz. Ein Asyl-Ort für nicht ruhende Gedankenraserei.

Kurz: Es wäre ein Ort für das „erschöpfte Selbst" (Alain Ehrenberg) und dessen entlastender Erholung, ein Ort, wo Atem und Geist und Rekreation der „Seele" gelingen können.

Was bleibt, wenn man wieder hinaus aus Kirchenraum und Entlastung geht?

Ich ziehe ein kühnes theologisches Fazit mit der Abwandlung eines Adorno-Zitats. Dort ersetze ich seine Worte „Philosophie" durch „Theologie" und „Erlösung" durch „Entlastung". Denn Entlastung ist theologisch sowieso nichts anderes als die kleine und wenig beachtete und doch ersehnte Schwester von Erlösung:

„Theologie, wie sie im Angesicht der Verzweiflung einzig noch zu verantworten ist, wäre der Versuch, alle Dinge so zu betrachten, wie sie vom Standpunkt der Entlastung aus sich darstellten. Erkenntnis hat kein Licht, als das von der Entlastung her auf die Welt scheint: alles andere erschöpft sich in der Nachkonstruktion und bleibt ein Stück Technik."

DIE WEIHNACHTSGESCHICHTE NEU BETRACHTET

Wolfgang Teichert
Ihr lacht wohl über den Träumer
Weihnachten – ein Wachtraum

ISBN 978-3-532-62858-4

Menschen brauchen Rituale wie das alljährliche Lesen der Weihnachtsgeschichte an Heiligabend. Vielleicht, weil das Lukasevangelium in seiner Ambivalenz wiederholt, was man im Alltag vergisst? Das Christentum feiert Jesu Geburt und bedenkt zugleich ihre Gefährdung. Wolfgang Teichert betont in seinem Buch beide Seiten und setzt die Weihnachtsgeschichte in Beziehung zur heutigen Zeit – poetisch und politisch relevant.

 claudius

RELIGION ALS METAPHYSISCHES IMAGINARIUM

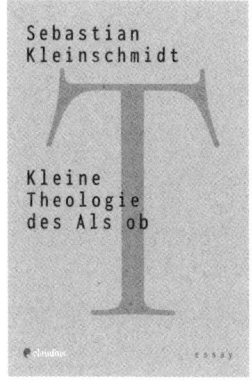

Sebastian Kleinschmidt
Kleine Theologie des Als ob
ISBN 978-3-532-62883-6

Spiritualität muss sich oft dem Verdacht der Weltfremd-
heit stellen. Aber warum Religion nicht als bereichernde
Vorstellung annehmen? Auch ein Erwachsener mit rei-
fem Bewusstsein, so Sebastian Kleinschmidts Überzeu-
gung, kann in das Land der Religion noch einwandern.
Narrativ durchmisst der Autor in seinem Buch, die An-
nahme, dass Gott und die Erlösung möglich sind, und gibt
der Hoffnung eine neue Heimat.

 claudius

Zum Schutz der Umwelt verzichten wir bei diesem Buch
auf das Einschweißen mit Folie.

© Claudius Verlag München 2023
www.claudius.de
Alle Rechte vorbehalten. Das Werk darf – auch teilweise –
nur mit Genehmigung des Verlages wiedergegeben werden.
Umschlaggestaltung: Weiss Werkstatt, München
Gesetzt aus der Adobe Garamond Pro und Lucida Sans
Druck: FINIDR s.r.o, Český Těšín

ISBN 978-3-532-62895-9